あなたの知識や経験を、コンサルタントになって大きな稼ぎに変える法

五藤万晶 著
Kazuaki Goto

エベレスト出版

あなたの知識や経験を、コンサルタントになって大きな稼ぎに変える法

五藤万晶　著

まえがき

本書は、自分の知識や経験、ノウハウ…などを活かして「コンサルタントになって大いに活躍したい人」のために書いた専門の書です。最大の特徴は、あくまでも「普通の人」を念頭に、その具体策を示している点です。

ここで言う「普通」とは、いわゆる会社勤めや、仕事の現場でがんばっている人です。10年、15年、場合によってはもっともっと長い年月…一生懸命に働き、そこで積み重ねてきた「自分の知識や経験、ノウハウ…といったものを、何か報われる形にできないものか」と真剣にお考えの方です。

コンサルタント業は、誤解がたいへん多い仕事の一つです。何か得体が知れず「怪しい」と敬遠されていることもあって、その実態をよく理解している人が非常に少ないのです。一方で、「稼げる」「お金になる」といった魅力があるのも事実でしょう。

このため、「どうやってコンサルタント業をやっていけばいいのか…」ということが、余りにもいい加減に世の中に流布され、多くの真面目にコンサルタントをやろうとしている方々が、本当に無駄な苦労をさせられているのです。その典型は「自分独自のノウハウを活かして、コンサルタントをやっている人」です。

詳しくは、本書でご説明していますが、コンサルタントと言っても、「決算書を使う人」と、「決算書など要らない人」がいます。どちらも世間で活躍されている人が大勢いますが、実は、その商売方法は大きく異なります。

さらに言えば、「コンサルタントに見える」けれど、実態は「全然違う職業」という人も、これまた大勢います。恐ろしいことに、世の中ではこれらを「一緒くた」にして、すべて同じような扱いで成功方法が語られています。

しかし、これらの職業は、最も重要な「収益モデル」も違えば、「販売方法」もまるで違います。違いを正しく理解せず「大きなお金への換金方法」すら考えずに活動すれば、苦労するのみならず、長年かけて培ってきた知識や経験を、タダ同然、ドブに捨てるような「もったいない」ことになりかねない訳です。

本書を通じて、コンサルタントという仕事が正しく理解され、「自分がこれまでがんばってきたことを証明したい」「自分の独自性を築きたい」「大きな報酬に換えて報われたい」…、そう願う人の夢が、一歩でも近づくことのお役に立てれば幸いです。

２０１８年12月吉日

株式会社ドラゴンコンサルティング
代表取締役　五藤万晶

もくじ

まえがき　2

第1章　コンサルタント商売なら、年収3千万円以上も夢ではない！

1　人生の劇的な変化は、何歳からでも起こせる！……10
コンサルタント商売の凄い力
コンサルタントにも大きな違いがある
わずかな差が、年収を2倍以上変える
利益が上がらない根本原因

2　知識や経験はお金に換えてこそ本当の価値になる……30
契約することと、ノウハウを売ることとは違う
確実に、売れるコンサルタントになっていく！
わずか1年で、売上も体制も激変！

第2章　稼げるようになるための、正しい「コンサルタント像」とは

1　失敗する最大の原因は何か？……46
90％以上の人が、そもそもコンサルタント業を間違えている
先生業の構図とビジネスモデル
マグレと確率論の構造的な違い

2　センセイと呼ばれる人のピンキリの実態……65
誰でも都合よく「コンサルタント」を名乗っている
間違いだらけの営業方法

3　絶対に気をつけるべき「3Sの人種」……78
ボタンの掛け違いは何から始まるのか…
感情が勘定を邪魔する

第3章　繁盛するために絶対に押さえるべき収益モデルの原理原則

1　なぜ、税理士の先生をマネてもダメなのか……94
税理士モデルの本質
同じ士業でもマネができない

2　知的ビジネスの繁盛を考えるときの大鉄則……105
知的ビジネスの商品設定とは
話す内容と価格の関係性
商品にするということの本質
どうやって売るのかが定まらない本当の理由

第4章　コンサルタント業にまつわる7つのウソ本当

その思い込みが、成功を遅らせている!……124
1　決算書くらいは読めないと…は本当か?
2、本を書けば売れるようになる…は本当か?
3、資格があれば仕事がとれる…は本当か?

4、売れると全国を飛びまわる…は本当か？
5、最初は無料でやったほうがいい…は本当か？
6、紹介は多いほうがいい…は本当か？
7、講演を増やせば仕事が増える…は、本当か？

第5章 知識・経験・ノウハウ…を大きなお金に換える具体戦略

1 知識をお金に換える根本原理 …… 162
物知り博士は本当のところ、なぜありがたいのか？
同じ知識が、1億円にもなればタダにもなる現実

2 お金への換え方のパターン …… 173
「無いモノを売る」ほど難しいことはない
モノ化による換金
時間給や労賃の本質とは何か
儲かる商売の本質
優秀な経営者がコンサルタントを使う理由
コンサルタントが本当に高い年収を狙うには

3 コンサルティングを売りやすくする具体策 …… 195
コンサルティングを商品化するコツ
部分カジリが一番の悲劇を生む

第6章 自分の人生を本当に活かす、売れるコンサルタントの道

1 やり甲斐と報酬に報われる具体策 …… 208
あなたのやり甲斐を満たすもの
夢を実現させるために必要な実務

2 コンサルタントの役割と成功への秘訣 …… 215
人生の時間を考える必要性
夢を叶える人に必ず共通すること

著者紹介

奥付

第1章

コンサルタント商売なら、年収3千万円以上も夢ではない！

1　人生の劇的な変化は、何歳からでも起こせる！

コンサルタント商売の凄い力

本書は、自分の知識や経験、ノウハウ…などを活かしてコンサルタントになって活躍したい人、多くの企業から依頼が絶えない本物のコンサルタントになりたい人、年収で言えば3千万円とか、5千万や1億円など、大きな収入を得られるコンサルタントになりたい人…のために書いた、専門の本です。

一言で言えば、「コンサルタント商売の虎の巻」です。ズバリ「コンサルタントで成功していく」ための、最も重要なポイントに絞って書きました。

私は現在、一風変わった、「コンサルタント業専門のコンサルタント」という仕事をしています。これまで250人以上の方々に直接関わり、コンサルタント商売が上手くいくためのお手伝いをしてきました。

実際、年収3千万円はもちろん、5千万円、なかには1億円を突破された方も輩出してきました。

いきなり「本気で1億円を実現したいんですが…」と真剣な眼差しで来られた方もいま

す。さすがにちょっと驚いたことをよく覚えていますが、そうした本気の方をお手伝いするのが、当社のお仕事です。

詳しくは後ほどお伝えしていきますが、そうした方々と関わる中で、「コンサルタントとして成功するためには、どうやっていけばいいのか…」という最も重要な部分について、「誤解が多い」といつも感じています。

この誤解のために、「余計な苦労」をされている人が後を絶たないのです。簡単に言えば、「間違ったことを毎日、気づかずにやり続けている」ということです。

私はもともと、経営者の方々の「商売繁盛のお手伝い」をする会社で仕事をしていたのがご縁で、多くの専門家、コンサルタント、先生…と呼ばれる千人以上の方々と一緒に、仕事をしてきたという経緯があります。

社長、なかでも中小企業の社長さんが考えていることを読み解き、どういうことを提供すれば「お願いしたい」と思ってもらえるか…。様々な専門分野の先生方に、どうやって活躍いただき、依頼された社長さんの会社の業績躍進につながっていただくか…、そういったことを20年以上やっていました。

数百にも及ぶ企画や案件は、いわば社長と専門家のビジネスマッチングと言うべきものでした。そうした中で、「専門コンサルタントになれる実力をお持ちなのに、宿している能力を全然活かしきれず低迷している」という方が、時折いらっしゃるのです。ご本人も、「どうすればいいのかイマイチ分からない」のです。

そうした「もったいない人」を目の当たりする中で、たびたびご相談というか、アドバイスを頼まれることがきっかけとなって始めたのが現在の仕事です。

ちなみに、コンサルタントというと、決算書や難しそうな各種の財務資料などを見ながら、経営分析をして指導する…というイメージがあると思います。たしかにそうした従来型というか、税理士業に近いような先生もたくさんいらっしゃいます。

一方で、「自分には、独自に生み出した営業の組み立て方があって、これでたくさん売ってきた。それを企業に教えたい」…という方もいらっしゃるでしょう。

他にも、「会員制度を構築する方法」とか、「通信販売の立ち上げ」、「ギフト販売の手法」、「歩合給制度づくり」、「業績を伸ばす人事制度の構築」…といった、専門的な知識やノウハウを活かして企業指導をされる方もいます。

同じコンサルタントと言っても、ちょっとニュアンスが違います。簡単に言ってしまえば、「決算書とは直接には関係ない」コンサルティングです。

こうしたコンサルタントは、他にもたくさんいます。

例えば、「販売部隊づくり」、「アフィリエイト体制」、「紹介制度づくり」、「フィットネス事業構築」、「顧客管理の体制」、「土地活用専門」、「高級品マーケティング」、「ユニーク賃貸物件の経営」、「接客販売の仕組み」、「出前・宅配の仕組み」、「コンテンツビジネスの立ち上げ」、「稼ぐオフィス体制づくり」、「移動サービス業構築」、「チェーン展開」、「売れるリピート商品開発」、「多店舗展開策」…などなど、実に様々な専門分野のコンサルタントの方がいて活躍されています。

こうした専門コンサルタントというのは、ビジネスが高度化・多様化すればするほど、その領域は広がっていきます。それだけ専門性が必要とされるからです。

インターネットなど無かった時代には、営業や販売は「脚で稼ぐもの」が当たり前で、チラシや電話、ＦＡＸ…などは、実に大きな武器だった訳です。

もちろん、これらの道具は今でも重要なツールに違いありませんが、むしろ「インターネットを使わずに販売を考える」としたら、事業戦略として相当不利な条件ということは、誰でも分かることだと思います。

つまり、ネットを活用した販促や、顧客管理、顧客サービス、予約システム、会員優待制度、営業支援、製品マニュアル、取引先連携、給与や人事システム、受発注体制、物流体制、遠隔地との連携、国外対応…などは、世の中の進化によって次々に生み出されてきているということです。

インターネットはインフラであり、裾野となるものだけに影響範囲が極めて大きいですが、その他、様々な分野においても進化に伴って次々に新しいものが生み出されて活用されていっています。

この進化や変化、活用…という流れが変わることはありません。人類の進化発展そのものだからです。これからも新しい方法や仕組みが生み出され、人々や企業によって利用されていくことになります。それらを使うことで便利になったり、有利になったり、ビジネスが成長するからです。

こうした「新しいやり方」「効果の上がる方法」…というものを、「クライアントに応じて使えるようにしてあげるお手伝い」というのが、専門コンサルタントの仕事と言えば、分かりやすいと思います。

そういう意味では、自分がこれまでに培ってきた知識や経験、現場でのノウハウ…などを活かしてコンサルタントになって活躍したい…という方は、まさに、この後者のコンサルタントを指している訳です。

コンサルタントにも大きな違いがある

さて、いま決算書を使うコンサルタントと、使わないコンサルタントがいるとお伝えしました。どちらも紛れもなくコンサルタント商売です。

一般的にはほとんど区別されることなく、同じように「コンサルタント」として扱われています。しかし、現実的には、大きな違いが両者の間には存在します。

これからその違いについて詳しくご説明していきますが、まず最初の問題は「ほとんど同じように見える」という点です。これが実に厄介なのです。なぜなら、**同じようにやっても、商売が上手くいかない**からです。

実際にはもっと多くの、「似て非なる仕事」が混在します。読んで字のごとく、似ているようで全然違う仕事です。言ってしまえば「ビジネスモデル」が違うため、見た目がどれだけ似ていても商売の仕組みが違うため、マネをしても上手くいきません。これを理解しない限り、上手くいく可能性は極めて低くなってしまいます。

営業方法はもとより、収益の上げ方やビジネスの廻し方は、想像以上に違ってきます。同じ「コンサルタント」と呼ばれている商売でも、まったく違うのです。

そして恐ろしい問題がもう一つあります。世の中には、専門コンサルタントの商売繁盛策について、その具体方法を提示する機関がほぼ存在しない…という点です。ウソのような本当の話です。

これが、いわゆる決算書型のコンサルタントの場合なら、養成機関や、教えている先生は結構存在します。税理士業に近いこともあり、決算書という、一つの決まったフォームがあることも教えやすさの理由です。仕組みが決まっているため、多くの人が同じように学び、理解し、答えを出せる仕組みがそこにあるからです。

しかし専門コンサルタントの領域とは、一人一人が長年、現場で培ってきた独自の知識や経験、ノウハウ…といったものを、どう上手に活かして商売にするか…というものです。何か決まったことを覚えたり、処理すればいいという訳にはいきません。

この違いを端的に表現するなら、「サイズもデザインも決まっている制服」と、一人一人の体型や特徴に合わせて、「特注でつくるオートクチュール」との違い、といったところでしょうか。

その人らしさがよく表現できなければ特注する意味はありません。しかし当然、それだけ仕立ての経験や知識、ノウハウといったものがなければ、特注で素晴らしい服をつくりあげることはできません。

これと同じで、一人一人の「実務経験の特徴を見いだし、それを活かして磨いていく方法を示す」ということは、そうした先生と関わる仕事に長年従事してきた経験がなければできないため、世の中にほとんど存在しない訳です。

一人一人の人生は違うのに、これをもし、同じパターンで処理しようとすると、どうなるかと言えば、まさに「鋳型にはめる」ということが起きます。

いわば、「制服を無理やり着せて、決まったとおりに話をしなさい」とやらせるような話です。その瞬間に個性もなくなり、これまでの経験やノウハウといったものは活かせなくなってしまいます。

この状況下での個性とは、喋り方や表情といった俗人的なキャラクターを表現することがメインになります。話す内容も大半が決められているからです。

ただし、制服仕事には、それを必要とする需要が一定率あるというメリットがあります。特注品には、決まった需要はありません。その代わり、他に替えがないので、「売れたら総取り」という良さもあります。

両者の間には、同じコンサルタントという言葉とは裏腹に、実に大きなビジネス上の違いがあることをご理解いただけるでしょうか。これをよく熟知していないと、売れるモノも売れず、苦労の連続になってしまう訳です。

本書は、こうしたことに悩まれてきた方をメインに、専門コンサルタントとして活躍するためには、具体的にどうすればいいのか…を書いているという訳です。

わずかな差が、年収を2倍以上変える

東京で、商品開発系のコンサルタントとして10年近くやられていたMさんも、そうした悩み多き一人でした。

起業して10年も経てば、ビジネスとしてしっかりとしたカタチになっているもの…と、普通は思うかも知れません。しかし、ことコンサルタント商売においては、この「普通」が本当に難しかったりします。

これは決してMさんだけの話ではありません。むしろMさんは、類稀な企画センスやマーケティング能力、積み重ねてきた実務ノウハウと実績、そして誠実さも持ち合わせていて、コンサルタントとしては、大変な実力をお持ちであったことは間違いありません。実際、クライアント企業からは、大変高く評価されていました。

ではなぜ悶々《もんもん》とされていたのか…。

実力もあるし実績もある。なのに、何か今一つ上手く行っていない気がする…。Mさんは、10年コンサルタント業をされてきた中で、「何かがオカシイ。自分は、もっとやれるハズだ…」と悩まれていたのです。

詳しくは後述しますが、こうした悩みが生じてしまうのは、コンサルタント商売に存在する、「参入障壁」が一つの大きな原因です。

早い話、「コンサルタント商売って、どうやって繁盛させればいいのか…」分かるようで、イマイチよく分からないないからです。

例えば、「コンサルティングってどうやるのか?」――、実に単純な質問ですが、この問いに答えられる人は、驚くほど少ないのが現実です。これまた、ウソのような本当の話です。

そもそも、他のコンサルタントの人が、実際に指導している現場を見たことがある人も極めて稀のはずです。自分がお金を払ってコンサルティングを受けたことがある場合ならともかく、わざわざ他人に指導現場を見せることなど、まずありえないからです。しかも、「見たことがある…」と言っても、

「本当にそれはコンサルティングだったのか?」

と訊かれたらどうですか? 答えられますか? どう判別しますか?

試しに、「それは研修ではないですか?」とか、「相談では?」と、投げかけてみると、ほぼ全員が、「う〜ん」となってしまいます。

漠然としたイメージはあっては、「コンサルティング指導とは、一体何をするのか…」

と問いかけられると、実はよく理解できていない人が大半だからです。

他にも、コンサルティングの請求方法やスポット相談の値段設定、クライアント企業のところまでの「交通費」はどう考えればいいのか…などなど、簡単なようでよく分からない「現場の実務」は、山のようにあります。

こうしたことに対して、「なんとなくこうすれば…」と、やってきている人が多いのが、このコンサルティング商売の実情という訳です。

もちろん、公的な商売ではありませんから、「こうしなければならない」とか、「決まったやり方」、「法律的に…」といったことは一切ありません。ですからご本人が気にしなければ、それまでのことで何ら問題ありません。

ただ、本来持っているご本人のポテンシャルに対して、この「なんとなく」が災いして、もっと繁盛できるのにブレーキをかけていることが少なくないのです。「もっと上手くやれるのに…」とか、「せっかくの知識やノウハウが活かしきれていない」といった、「もったいない」ことになっている訳です。

Mさんも、「何かオカシイ」と思われている中、当社が定期的に開催しているセミナーの情報をウェブで目にされ、「なにかヒントを得られれば…」とご参加されたのが、最初のきっかけです。

東京のセミナー会場にお越しになられたのですが、終始、喰い入るような真剣な眼差しで受講されていました。登壇している側にも、本気さがひしひしと伝わってくる、とても強いものだったのをよく覚えています。

誰でもそうですが、立ちはだかる壁の突破口が見えてくるとしたら、もの凄く熱心になるものでしょう。Mさんにとっては、当社のセミナーが、まさにそうした運命的な場となったのかもしれません。

セミナー終了後、「先生、ちょっとお話が…」と、会場を後にする間もなくお声がけをいただきました。伺うと「すぐに…」とのことで、ご要望にお応えするべく、半月先ほどの日程を調整し、さっそくお手伝いをすることになりました。

当社の場合、コンサルティングの大半は、都内の事務所にて行っています。色々秘密と言いますか、コンサルティング商売上必要な仕掛けもあります。

初めてお越しになられる方にご説明すると、「なるほど、そういうことですか〜」と、感心される方も多いのですが、言ってしまえば、結構長くコンサルタントをされている方でも、ご存知でない実務が数多くあるのです。

事務所の話はさておき、さっそくMさんにお話を伺っていくと、様々に「何かへん…」

とか、「ん?」と感じることが見えてきたのです。

分かりやすく言えば、商売として行っている様々なことが、「どこかピシッと合いきっていない…」という感覚です。

この違和感的な感じというのは、ほぼ間違くなく「商売ポイントがズレている」ときに起きるものです。簡単に言えば、**本来の能力とかポテンシャルから考えれば、もっと売れるハズなのに、それを活かせていないミスをしている、**ということです。まさに、「もったいない状態」ということです。


コンサルティング商売の難しいポイントの一つに、「わずかな違い」が実に大きな差になってしまう…という点が挙げられます。

基本的には、何か製品がある訳でもありません。施術や物理的なサービスがある訳でも、もっと言えば味も匂いも色彩もありません。訪問コンサルティングであれば自社の空間で勝負ということもできません。持っている知的ノウハウを、どう提供するか…に、ビジネスのポイントが集約されてしまうのです。

コンサルティング商売をあまり難しく考えずに、「何か教えればいいんでしょ?」くらいに気軽に考えている人が多いのですが、実は、**コンサルティングを提供するポイント、**

言ってしまえばわずかな角度の違いで、コンサルタントの年収は2倍、3倍くらい簡単に変わってしまいます。それだけシビアなのです。

実際、Mさんは、この提供ポイントが「僅かに」ズレていたため、「提供しているものは非常に高度」しかも、実績も出ている。ところが、その報酬となるコンサルティングフィーは、それほど高くないものになっていたのです。

よく、「報酬ってどれくらいを考えればいいのでしょうか?」といった質問をいただきますが、これは正直、「仕事や働いた対価」として考えれば、あとは「本人の満足度の問題」ですから、「正しい報酬」というものはありません。

ですから、100万円で高いのか、それとも安いのか…は、本人の価値判断でしか決められないため、「他の仕事と比較して決める」というやり方をする人が非常に多いのです。簡単に言えば、コンサルタントと似たような仕事をしているように見える人の金額を参考に、値付けをするというものです。

一見、合っているように思われる方法ですが、参考にした仕事というのが、本当に参考にすべきだったのかどうか…が問題です。

なぜなら、**ほぼ間違いなく、「参考にしてはいけない仕事」をマネしてしまっているから**です。

利益が上がらない根本原因

例えば、「紙一枚」でも、驚くほど値段は変わってきます。資料作成を請け負う仕事の場合、多くの場合、「1ページ当たり幾ら」といった、積算方式のような価格設定が多く、ページが増えれば増えるほど、価格も上昇します。

一方、分厚いマニュアルだと分かりにくいので、「もっと簡潔で分かりやすい冊子」が欲しいとき、当然、ページ数は圧縮されて減ります。では、最初の分厚いモノより安くなるのでしょうか？ 皆さん、どう思われますか？

売り手、買い手、どちらの視点かで、考え方や意見も、変わってくるかもしれません。重要なことは、商売の難しさ、そして面白さというものは、こうしたところに如事に現れてくる…という点です。

商売を、「量」で考える人からすれば、ページ数というものは「多ければ高くて当然」であり、「少なければ安いのが当たり前」と考えるでしょう。これはこれで、充分納得がいく考え方だと思います。

一方、商売を「質」で考える人からすれば、「より端的に整理されているほうが高くて当然」であり、「分かりにくく、無駄に分厚いのは質が悪い」と考えるでしょう。言ってしまえば、新入社員が、「よく意味も理解せずに単に資料をたくさん集めてきたファイル」

と言えば、イメージしやすいでしょうか。

分かりづらいし、目を通すだけでも時間がかかってしまうファイル。一方のベテラン社員がまとめた資料は、わずか数枚で端的にポイントがつかめるファイル。あなたはどちらを選びますか？という話です。

こちらも皆さん、「端的な方に決まっているでしょう」とご理解いただけると思います。本書を手にされるような、情報的な価値に敏感で、知的ビジネスを本気を考える方ほど、この「質」を重要視する傾向が強くなるからです。

さて、商売が難しいのは、いま「どちらも、あり得る」とお考えになられたことについて、提供側と受け手側とで「ズレがあったら」どうなるのか…ということです。早い話、自分は「質を提供」しているつもりが、相手は「量」の認識のため、「少ない量なんだから、安くて当然でしょ？」と考えているようなケースです。

この話をすると、「自分が提供している仕事の価値を、ちゃんと伝わるように説明すれば…」といったことを言ってくる人がいますが、世の中、「そんな簡単ではない」ということは、商売を実際にされている方であれば、骨身に浸みてよくお分かりになられていることと思います。「それができれば苦労しない」…と。

なぜ難しいのか、実に単純な話です。「じゃあ、いらない」と言われて終わり、たったこれだけだからです。

購入側は、「納得できなければ買わない」のですから、「そもそも売れない」ということだってあります。理由を説明するチャンスすら与えられない…というのが、厳しい現実だったりするのです。

まして、説明したところで、「よく分からないし、とにかく高いよ」と言われてしまえば、ハイそれまで。「ちゃんと説明する」ことが、いかに難しいかは、こうした現場に直面したことがある人なら、痛いほどご理解されていると思います。

実際には、後述するとおり、この壁を突破する方法があるのですが、圧倒的に大多数の人は、その具体方法を知らないがために、「高くて売れない」か、「我慢して安く提供する」かの、どちらかしか選択肢がないのです。

お分かりいただけるでしょうか？　素晴らしいモノを提供しているのに、全然見合わないフィーしかもらえない大きな理由の一つがここにあるのです。

実は、コンサルタント商売の場合、5年、10年と営んできた方の場合、こうしたミスと言うべき「もったいない状態」で仕事を続けられているケースというのが、本当に多いのが実情です。

起業して何年か経ち、贅沢はできないけれど、なんとか食べてこれた…という人の場合、まさにここにハマっている確率が高いのです。

他のコンサルタントと比べようにも、どこをどう比較して変えればいいのか、それを見つけ出すことも判断も、非常に難しいからです。

Mさんが、「何かおかしい、もっとやれるハズ」とうすうす感じていながら、ずっと悶々と悩まれていたのは、まさにココです。クライアント側との認識にズレが生じていたため、「素晴らしいものを提供しているハズなのに、自分たちが望むような収入にはならない」というジレンマが起きていた訳です。

では具体的に何がズレていたのか…。Mさんの場合で言えば、間違いなくコンサルティングの仕事を行っていたにも関わらず、クライアント企業には「研修」として受け取られていたのです。実は結構多いパターンです。

忙しい割に料金は安く、大きな成果が上がっているのに、そこにはあまり価値を感じてもらえていない…というミスマッチです。

他にも様々なミスがありました。大きなもので言えば本を出されていたのですが、この本が仕事を呼び込んでくる本になっていない上、他の先生方の教科書として使われる内容になっていたのです。いわば、ライバルコンサルタントを利するだけの本になってしまっていた、というウソみたいな本当の話です。

自分はそんなミスはしない…と思われる方も多いでしょう。

しかし、ビジネスの核やポイントがしっかり定まっていないと、「どんな本を出すか」、「テーマをどうするか」、「書かれている内容は合っているか」…といったことに対して、明確に自信をもって進めることができなくなってしまいます。

実際、「本を出せば仕事になる…」と、言葉は悪いですが「極めて短絡的な出版」をする人が後を絶ちません。その結果、本を出しても単なる自己満足になるか、出版にまつわる人を儲けさせるだけか、下手すれば「ライバルを利する」という、出さないほうがマシということにもなりかねないのです。

Mさんには、「この本は消したほうがいいですね…」と、お手伝いを始めるやいなや、さっそく進言しました。商売上、間違いなくマイナス要素だったからです。

面白いのは、「あっ、やっぱりですか！」というMさんの言葉です。

どうやらご本人も、なんとなく「この本は違うんじゃないか…」と感じていたそうですが、どうにも確証が持てないし、周囲は「気にしすぎ」とか「そんなことはない」といった反応のため、そのまま放置になっていたのです。

本を消す…のは、出版に関しての裏技的な施策のため、具体的な内容は差し控えますが、しばらくして、無事にこの本を「無かったこと」にできました。

こうした、まずはマイナス面を消すことから…というケースは、本に限らず、ブログやCD、DVD、名刺やパンフレット…など、結構多岐に渡ることも多いのですが、ご説明すると、お越しになられた方は皆、「あっ!」と言う声と共に、表情がみるみる青くなられます。

その後、急いで対処されていますが、それはつまり、「**それだけ間違ったことを知らずに知らずに行っていた**」ということです。

知らないということは、実にもったいない話なのです。

2、知識や経験はお金に換えてこそ本当の価値になる

契約することと、ノウハウを売ることとは違う

自分が、どれだけ成果の上がる「素晴らしいコンサルティング」を提供していたとしても、それが「違うもの」と認識されていれば、それに見合う金額しか払ってもらえません。ある意味、当然です。

だからこそ、提供方法を真剣に考える必要があるのです。

詳しくは後述しますが、クライアント側に、これは「コンサルティング」だと認識してもらうには、いくつかポイントがあります。その最も具体的かつ強力な方法は、「**コンサルティングを商品化する**」ことです。

当社では、これをコンサルティングの「パッケージ化」と呼んでいます。実際、パッケージ化することで、様々なメリットを享受することができるようになります。大きなものを挙げれば、

・「作業賃ビジネスではなく、ノウハウ提供ビジネスが展開できる」

・「超効率（通常型の3倍以上）の、コンサルティングビジネスが可能」
・「案件ごとのバラつきが減少し、成果が安定的に出しやすくなる」
・「ノウハウの蓄積、相乗効果が加速度的に増し、より商売が強くなる」
・「商品化された物を売るので、営業的に非常に売りやすくなる」…

などなど、強力なメリットを享受できるようになります。

Mさんの場合も、クライアント企業に対して「指導」や「お手伝い」として「何かしらのノウハウの提供」をされていたのですが、それがコンサルティングとして売られていなかった為に、結果的に「教育・研修の提供」になっていたのです。

ここは重要な点です。よく「知識やノウハウを売る」という言葉が使われますが、具体的にどうすれば売れるのか…を理解している人は少なく、「契約する」ということと混同されがちです。

しかし、契約することと、ノウハウを売るということとは、似ているようでまるで違う話です。ここが、多くのコンサルタント、もっと言えば知的ビジネスに携わっている多くの「先生業」の人が陥る罠なのです。

具体的に何を変えたのか…。Mさんは、これまで企業に定期的に訪問して、売れる商品をつくりだすための具体的なアドバイスと実務指導を、商品開発の担当者に対して行っていました。

ご指導のスタイルで、こうした「実務のお手伝い」をされている人は多いと思いますが、ことコンサルティングという面でみれば、少しズレているというか、もったいない場合が多いのです。

Mさんの場合も、この部分を修正することにしました。「売れる商品をつくりだす仕組みづくり」という、根本の部分に焦点を合わせ、社長にも参画してもらいながら、全10回などで、その仕組みの構築を指導する、「パッケージ型のコンサルティング」に組み換えを行ったのです。

もちろん、形だけパッケージ化しても上手くいくというものではありません。しっかり指導内容を洗い出し、クライアント企業に仕組みが出来上がるための方法を、3カ月以上じっくりかけて練りに練った上での話です。

後述しますが、このパッケージ化の部分を適当に済ませて、見た目だけ体裁を整えようとする人がたまにいますが、実態を伴わないコンサルティングメニューをつくれば、初回から上手くいいなかい…という、悲劇的なことが起きてしまいます。

住宅で言えば、しっかりとした「設計と基礎工事」にあたるのが、コンサルティングの体系化です。時間がかかるために焦る気持ちは分かりますが、それを押さえながら、しっかりつくりこむことが大切なのです。

ただし、この3カ月におよぶコンサルティングの体系化により、コンサルタントは実に大きなモノを手にいれることができます。「自分独自のコンサルティング手法の確立」です。これにより、論理的にも高度かつ精錬されたコンサルティングを行うことができるようになるのです。

Mさんも、これを手にしたのです。「驚くほど指導が楽に、そして成果を出せるようになった…」とは、Mさんはじめ、多くのコンサルタントの方々の言葉です。

コンサルティングの体系化により、より高確率で成果を上げられることはもとより、ブレが少なく、様々なクライアントにも対応できる汎用性、そして再現性を手に入れることができたのです。毎回、個別対応でバラバラ…という指導とは、まるで違う世界にステージアップしたのです。

一方、コンサルティングの売り方も改める必要がありました。Mさんは、コンサルタントの方々の中では珍しく、いわゆる自主開催セミナーを開かれていたのですが、その内容ならびに、展開方法も、やはり「少しズレていた」のです。

いわば、商品開発担当者向けの、「お勉強セミナー」となっていたため、開催しても、

「セミナー開催」

↓

「研修の受注」

と、ますますコンサルティングではなく、研修色が強い仕事が多くなっていたのです。

誤解していただきたくないのですが、これは「研修が悪い」と言っている訳では決してありません。**「自分が意図した仕事を、意図通りの導線によって獲得できているかどうか…」**という問題です。

研修が自分の主たるビジネスだとすれば、研修を獲得するためのセミナーを開き、そこから研修を受注するのであれば、これは完全に意図どおりですから、とても上手くいっている話です。なんら問題ありません。

問題は、「コンサルティングを受注したい」と考えているのに、導線がそうなっていない場合です。

どこか、ビジネスの設計上の問題があったり、導線に狂いが生じているはずです。これ

を修正しない限り、望んだ結果がでないというか、常に「マグレ」でしか受注ができないということになってしまいます。

よく、「自分のやり方でも、たまに仕事が取れているので…」と、ビジネスの導線のことに対して無頓着というか、明らかに勘違いしている人がいるのですが、そもそも論として、**「一定の確率で間違いなく仕事が獲得できる仕組み」ができていなければ、それは、ビジネスとは言えない**のです。

たまたまということは、要は、「単なるラッキー」や「運が良かった」レベルの話ということです。少し冷静に考えればスグに分かる話です。

仕事がいつ来るのか分からず、その対策も分からないとしたら、どう考えても商売的に危険な話です。

どうすればお客さんが増えるのか、確率を上げる方法が分からなければ、コンサルタントとして活躍することなど夢のまた夢となります。それこそ偶然に偶然が重なったラッキーでも起きない限り、あり得ないことになります。

第一、会社や社長さんに対して、何らかの商売の指導を行う、他ならぬコンサルタント自身が、偶然だよりだったり、自分のビジネスをしっかり展開できる体制ができていないとしたら…ということです。

確実に、売れるコンサルタントになっていく！

ビジネスの根本の部分は、本当に大事です。当社では、コンサルタント業を、単にタレント的な「人気が出れば売れる」といった考え方を、一切していません。むしろ、徹底的にビジネスとして回ること、これを第一に考えます。

ビジネスとして回るためには、「再現性」がなければ話になりません。

「たまたま…」とか、「あの人ならできるやり方」、「一回キリ」…といったものは、すべて再現性がなく、ビジネスと言えないものです。

しかし、世の中には「一発屋」的な発想で、なんとかしようと考える人が多く、それを推奨するセンセイもいるほどです。

「(一時的でも) 売れれば勝ち」と言わんばかりで、まさに、一過性で使い捨てを企んでいるような人もいます。あまり露骨には書けませんが、出版業界で、「(本さえ) 売れれば仕事になるから…」と、コンサルタントの先生の商売など一切無視で、あからさまにノウハウの流出や切り売りをさせようとする業者もいます。

前述した、Mさんの「消した本」などは、まさにそうした例の一つと言えるものです。著者も出版社も喜ぶ…なら良い話ですが、実際には「著者だけが泣いている」という話は、数えきれないほど多いのが実情です。

本の話はともかく、コンサルタント業をしっかり「売れていくようにする」ためには、商品をつくって、それを確率論で売れていくための営業を展開していく…ことに尽きます。Mさんには、ズバリこのことを行っていただいた訳です。

当然、いきなりすべてが順調に行く訳ではありません。自主開催していたセミナーについても、内容を変える必要がありますし、話す内容も変えなければなりません。これが、結構大変なのです。

よく、「講演やセミナーは、これまで何十回とやってきた経験があるので、自分の場合はすぐにできると思います」…といったことを言われる人がいるのですが、世の中、そう単純なものではないのです。

ちょっと想像してみて欲しいのですが、目の前に中小企業の社長さんたちが、「どれどれ、あなたの言う凄い方法とやらを…」といった、「品定め」をするような感じで座っているイメージです。こうした状況をご存知の方であれば、そうした社長さんたちが、椅子にどういった感じで座っているか、どんな姿勢や態度でセミナーを聴くか…をご理解いただけると思います。

よく言えば「自然体」ですが、「ビックリするくらいにラフ」というほうが分かりやすいでしょう。上を向いていたり、目をつむっていたり…。話を聞いているのか聞いていないのかすらよく分からない…という人が多いのです。

経営者向けのセミナーに度々、登壇している人でも、「何度やっても緊張する」というのが本当でしょう。何とも言えない空気のセミナー会場は、まさに妙な汗がでる雰囲気と言えば分かりやすいかもしれません。

しかも、「役に立たない」と感じればセミナーの途中でも帰っていく人が普通にいます。しかしその反面、「これはウチにとって大事な話だ」と思ったら、今度は喰い入るように、前のめりになって聴かれる方が非常に多いのも、経営者向けセミナーの特徴です。それだけ反応がハッキリしている…とも言えます。

Mさんの場合も、これまで開いてきたセミナーの参加者は、社員層が大半だったため、最初はその反応の違いに驚かれていましたが、徐々に慣れるとともに、経営者を相手にしっかりと自分のコンサルティングのアピールができるようになり、受注を獲得できるようになっていったのです。

自分が何をどのようにアピールすれば、コンサルティングの受注ができるのか…。それがハッキリと分かるようになること、これはコンサルタント業にとって極めて重要なことですが、これを手にできると、本当に強くなります。

自分のビジネスを確率論で展開できるようになった訳です。

わずか1年で、売上も体制も激変！

コンサルタントをやっている…と言っても、自分の営業活動からコンサルティング実務についてまで、それを仕組みとして確証を持ちながら回すことができている人は、世の中的には実に少数派です。

前述したように、なんとなくだったり、どこか運任せだったりの人が大半です。10年選手のMさんも「何かオカシイ」と、ずっと感じながら仕事を続けていた訳です。これが、確証をもって、しっかり仕組みとして回せるようになると、ビジネスは大きく変わります。実際、Mさんの言葉も大きく変わっていきました。

「社長さんに対して、自分の話がしっかり伝わる実感が持てるようになりました」、「どう話せば、コンサルティング契約につながるかが分かりました」、「自分が提供しているもの、その本当の価値と売り方がしっかり理解できました」…

などなど、どれも非常に重要な言葉だと思います。

一つ一つの活動、行っていることが揃って力が合わさっていくため、一つの動きごとに、感触も反応も実感を伴いながら、大きく変わってくるからです。

こうした効果により、Mさんの売上も大きく様変わりしました。これはコンサルティングの単価を大きくあげることができたことも大きな要因です。

これまで価格を上げようにも「研修」と思われていたため、なかなか引き上げるのが困難だったのが、クライアント企業に対して、しっかりコンサルティングとして理解してもらい、また、「仕組みづくりを行う価値」をアピールすることで、価格を2倍以上に引き上げることに成功したのです。

さらにセミナー集客を後押しする「新しい書籍の発行」も実現できたこともあり、念願だったセミナー開催から一定確率でコンサルティング契約を獲得できる体制が、1年を経たずしてできあがり、廻り始めたのです。

この結果、2千万円に届かなかった売上は2倍以上になり、3倍も視野に入るようになったのです。しかもこれまで「企業へ訪問」するコンサルティングスタイルを、大半のクライアントに対して、自分の事務所に来てもらう方式を組み入れることができ、時間的にはむしろ「ヒマになった」というオマケ付きです。

「ゴトウさん、お陰様で自分の仕事が、本当にコンサルタントビジネスとして展開できるようになりました。これから更に、事業に変えていきたいと思います」…という言葉を頂いたのですが、そこには、本当に力強さが宿っていました。

コンサルタントという職業は、肩書は自由につけられるだけに、誰にでも簡単に始めることができますが、ちゃんと食べられるようになるかどうか、大きく稼げるようになるかは、これは別問題です。

・自分のコンサルタントとしての活動を、どのようにしていけばいいのか…
・どう知識やノウハウを売ればおカネになるのか、
・どう展開すればしっかりビジネスが回るようになるのか…
・どうやっていけばコンサルタント業を成長発展させることができるのか…

など、多くの方々の悩み、そして想いを日々伺っています。

結論から申し上げれば、「それらの願いには答えがある」ということです。いまMさんの例で示したとおり、コンサルティングの根幹をしっかり整え、仕組みをつくりさえすれば、ビジネスはしっかり回るようになるからです。

「でも、自分は、これから始めようと思っているので…」という方もいらっしゃるでしょう。大丈夫、そうした方々も大勢、夢を実現していっています。もちろん、誰がやっても

100％成功する…などとは、毛頭、申し上げるつもりはありません。世の中、そんなに甘くはありません。

第一、年収3千万円を本気で得たいと思っているからといって、誰でも手にできる方法がある…という話なら、それは、「間違いなく詐欺」というものです。

全員が全員、成功することなど、絶対にあり得ないことですし、本当に成功するためには、考え方も当然ですが、やりぬく意思や、大きな努力は絶対的に不可欠だからです。

しかし一方で、「どれだけ努力しても、最高でも1千万円に届かない」という商売というものが世の中にはたくさんあります。

職業の貴賤を申し上げるつもりは一切ありませんが、「**ビジネスモデル以上には絶対に稼げない**」ということは、理解しなければならない現実です。

ですから、もし、「自分の人生を賭して、本当に納得できる報酬を得たい」と考えるなら、自分が使う商売のビジネスモデルを判断し、そしてその回し方…というものを正しく理解した上で、本気で努力することが重要です。

そうでなければ、「こんなに働いているのに収入が…」ということになりかねません。実際、こうしたケースは少なくありません。「こんなに頑張っているのに…」と、Mさんも、まさにこの想いだった訳です。

当然ながら、「納得のいく報酬」というものは、人によって実に様々です。しかも他人が、「ああだこうだ」と言うべきものでもありません。あくまで、本人の秘めたる想いの中で決定すべきことでしょう。

そう、人によって様々なことは百も承知です。しかし、コンサルティングというものに対して、当社では一つの基準値として、「年収3千万円」を掲げています。決して夢ではない、現実的に到達可能な金額だからです。

このことに興味と関心を感じられる方は、どうぞページを読み進めていってください。これからその具体展開方法について、ご説明していきましょう。

第2章

稼げるようになるための、正しい「コンサルタント像」とは

1、失敗する最大の原因は何か?

90%以上の人が、そもそもコンサルタント業を間違えている

さて、これからコンサルタントとしての成功法をお伝えしていきますが、まず最も重要な部分から申し上げます。言ってしまえば、「大根幹」となる部分です。当社で繰り返し申し上げている、先生業の構図を元に、超がつく基本部分をまずお伝えします。

五藤の他の書籍をお読みになられている方は、復習的になるかもしれませんが、新たな視点も含めてご説明していますので、おさらいも兼ねてお読みください。

大根幹が間違っていたりズレていたりすると、その後をどれだけがんばっても、修正は不可能となってしまいます。だからこそ、とても重要なのです。

では、コンサルタント業における大根幹とは何か…。それはまず、「正しいコンサルタント業のモデルを目指す」、ということです。当たり前に聞こえますか? そうですよね…。

でも、なぜそんなことをわざわざ申し上げるかと言えば、

「あなたが目指しているコンサルタント像、それこそが、失敗の元凶」だからです。

「いきなり何を言っているんだ？」…という声が聞こえてきそうですが、これは職業柄、先生と呼ばれる多くの方々とお会いし、またその方々のビジネスのお手伝いにも直接携わってきました。その上での言葉として「多くの人が勘違いしている」と、明確に申し上げています。

「失敗の元凶」ということを、もう少し、分かりやすく言えば、コンサルタント商売を上手く進めるために、色々と他の人を参考にされていると思いますが、その「対象選択に誤りがある」ということです。

この話をすると、にわかには信じられない…といった反応がよく返ってくるのですが、そもそも論で言えば、「コンサルタント商売」というビジネスモデル自体、しっかり理解できている人が、極めて少ない…というのが実情です。

冒頭のMさんの例でも、「何かオカシイ」とか「どこかにズレがある」と感じながら、10年も過ごされていました。

何年もコンサルタントをやっている…という方でも、もっと言えば、20年以上「コンサルタント」としてやってきたが、「何かちょっと変…」と、当社にお越しになられる方が、後を絶ちません。

こうした方々に共通するのは、「まあ食べられているが、どこかしっくりこない」というケースです。前述したとおり、「もっと上手くできるハズなのに…」という「儲けそこなっている」パターンです。

一方、コンサルタントを始めて2年…とか、これからコンサルタントになって…といった方々の場合も、自分がイメージする「先輩」的な人に学ぶか、「士業・コンサルタントの成功方法」といった本や、セミナーなどで学ばれることが多いでしょう。

いずれにしても、「何かイメージする人物像」とか「ビジネス像」というものを設定し、それを全部ではないにしろ、部分部分を参考にしながら、自分の商売スタイルを作りあげていこうとしていると思います。

さてここで、「なぜ、目指しているイメージ像の大半が失敗の原因」になっているか…ですが、その大きな理由は、**「コンサルタントの仕事は、表面的な部分しか決して見ることができない」**ということがあります。

要は、「マネをしようにも、表面的に見える部分以外は、皆目見当すらつかない」というのが実情なのです。マネしているつもりで、まったくできていない、そして上っ面しかマネできていない…ということです。

上っ面ならまだいいかもしれません。そもそも、見当違いのことをマネしているからこそ、「こんなに努力をしているのに、上手くいかない」ということが、本当に起きてしまうのです。

まず、コンサルタントの場合、「事務所がない」というか、自宅兼事務所の人が少なくありません。基本的に企業を訪問してコンサルティング…という人が多いので、事務所が無くても特段困ることはない…という理由もあります。

また、実際のコンサルティングはというと、個人対象の場合も、法人対象の場合もありますが、いずれにしろ閉ざされた空間で行われます。

非常に重要かつ、繊細な部分もさらしながら、コンサルティングというものは進められるため、「秘密保持」や「プライバシー保護」は、極めて厳重です。コンサルタント側に秘書がいる場合、退席させられることも珍しくありません。

これが何を意味しているか…と言えば、余程のことでもない限り、部外者がコンサルティングの現場を見るどころか、同席の機会すら与えられない、ということです。クライアントの同意が絶対条件だからです。

さらに言えば、先に申し上げたように、「極めて貴重なチャンス」として、そうしたコンサルティングの現場…というところに同席できたとして、目にしたものが本当にコンサルティングの現場だと、どうやって判断できるのか…ということです。
自分が見たものがコンサルティングだという自信はありますか？
こんなお笑いのネタがあります。

小さい頃から、「これがステーキだよ」と、食べさせられていたから、レストランで食べたとき、「このステーキ美味しいね」って大声で言ったら、「アホ、外ではミートボールって言うんよっ！」て、オカン（お母さん）に、グーで頭どつかれた…

なんていうのがあったりしますが、現実問題として、本物を知らなければ判断もしようがありません。

さて、もう一度伺います。
「あなたがイメージされているコンサルタントとは、本当にコンサルティングをされている人ですか？」、「本当にコンサルタントとして活躍されている方ですか？」——、こちらは決して笑えない話ですが…。

先生業の構図とビジネスモデル

さて、どんな商売にもメリットとデメリットがあります。コンサルタント商売でも同じです。これからコンサルタントになろうと考えるとき、

一番の利点は、「その日からコンサルタントになれる」こと。
一番の弱点は、「ほとんど実態がよく分からない」こと。

ということが挙げられます。

利点の方で言えば、肩書に法律的な規制など一切ありませんので、「私はコンサルタントです」というのは、まさに勝手です。今日から名刺にコンサルタントと印刷して、ウェブサイトに掲載すれば、立派にコンサルタントを開始できます。

もちろん、それで食べていけるかどうか…は、当然ながら別の話です。しかし、何年も下積みをしなければなれないという規制などありません。

また、資格がなければ始められない…ということも一切ありません。法人対象のコンサルティングでも、決算書を見ようが見まいが全然、関係ありません。コンサルティングという仕事そのものに資格など不要なのです。

ある士業の資格について、「コンサルタントの国家資格」などと表現している団体やウェブサイトがありますが、この点について言えば、「明らかに誤解を誘発させる表現」と思っています。実際、その資格がなければコンサルタントになれない…と勘違いして、資格を取ったという人を何人も知っています。

後から、「えっ？　要らないんですか？」と驚かれていましたが、やっとの思いでとった資格で何ができるのか…と言えば、「手続きの代行」だったと、かなりガッカリされていましたが、それはともかくコンサルタント商売には、資格そのものは不要なので、これから始める方には、「その日からなれる」というのは、大きな利点であることは間違いないでしょう。

さて、利点はさておき、弱点のほうです。

「実態がよく分からない」点は、想像以上に実はやっかいなのです。見よう見マネしようにも、コンサルタントとして活動している人の動きというものがよく分からないため、結果として、**「間違った人を理想像としてイメージしてしまう」**ということが、本当によく起きてしまうからです。

理由は単純で、「ほとんどソックリ」だと思ってしまうことと、「目に見えるのが、ソックリさんくらいしかいない」からです。

次ページの図をご覧ください。当社でよくご説明に使う、「**先生業の構図**」というものです。巷でよく見かける、たくさんの「先生」と呼ばれる人たちの商売の違いを理解してもらうために、当社が考案した図です。

世の中には、「先生」と呼ばれている人がたくさんいますが、その商売の違いはもちろん、営業方法やビジネスモデルの違いを理解している人は、極めて少数派です。だからこそ、この図でご説明をしているのです。

各先生の違いを理解いただくためには、大きくは2段階ありますが、まず最初が、この「先生業の構図」の理解です。図が意味していることは、各先生業における「顧客対象とポジショニング」の違いです。具体的には、

・Aゾーンは、大人数を相手に、基本に近い内容を教える仕事
・Bゾーンは、大人数を相手に、専門性の高い内容を教える仕事
・Cゾーンは、少人数を相手に、基本に近い内容を教える仕事
・Dゾーンは、少人数を相手に、専門性の高い内容を教える仕事

「先生業」の構図

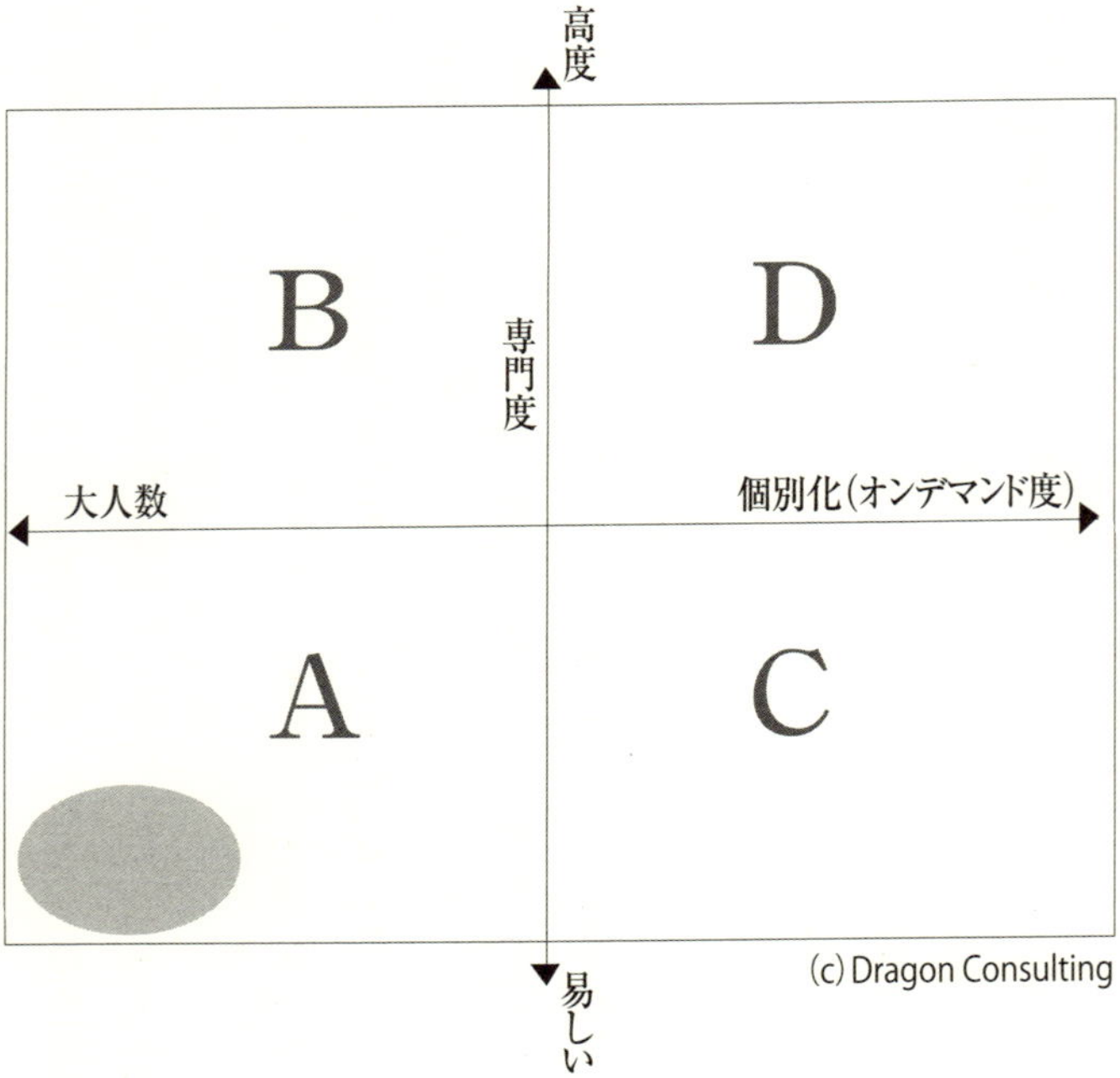

Aゾーン→　学校、学習塾、簡単かつ大人数で習うこと

Bゾーン→　簿記、経理、在庫管理、秘書講座、ビジネスマナー

Cゾーン→　ピアノやパソコン…お稽古ごと、個人レッスン、家庭教師

Dゾーン→　個別相談、個別対応、個別コンサルティング

に分類されます。

もちろん、中間的な先生や、より微妙で複数のゾーンに位置する先生もいらっしゃいますが、ここではご理解いただきやすいよう、分かりやすく、特徴的なパターンとしてご説明します。

この四象限で区分される「先生業の構図」の最大の特徴は、**自分のクライアントが一体誰なのか…ということが分かる**点です。

「そんなこと、言われなくても知っている」…と、言ってきた人が少なからずいらっしゃいます。

営業コンサルタントをされていたKさんも、そうした一人でした。突っ込んで聞いてみると「そりゃ〜、会社ですよ」との返答です。


恐らくちゃんと答えているつもりなのでしょう。しかし、Kさんに限らないのですが、よく営業コンサルタントと称している人がしている仕事は、「営業スタッフ向けの教育・訓練」というケースが多く、「講演を一生懸命にこなしていれば、仕事が取れるハズ」と頑張っているパターンです。

なので「会社」とお答えになる人がとても多いのでしょう。読者の皆さん、ここに漠然とした危険性、そしてズレが隠れているのがお分かりになりますか？

ちょっと考えてみてください。「営業スタッフ向けの講演」を聞きにくる人は、一体だれでしょうか？ セミナーの参加者は誰でしょうか？ ということです。

「そんなの簡単ですよ、営業スタッフに決まってるでしょう！」と、Kさんは即答されました。読者の皆さんはいかがですか？

そうですよね、営業スタッフとか、営業関係者の人ですよね。ですから「正解です！」とお伝えすると、喜ばれていましたが、「では、ついでにもう一つ質問します」と続けて、次のようにお訊きしました。


「その、営業スタッフの人は、コンサルティングの発注権限をお持ちですか？」


実に単純な質問だと思います。

他に訊きようがないくらい簡単な質問です。

いい講演やセミナーをすれば、仕事につながる…とお考えなのですから、当然、そこには「発注権限を持っている人」がいるとお考えだと思いますが、間違いないですよね？ という話です。

この質問をした途端、Kさんは「えっ！」と詰まった声とともに、みるみる顔が青ざめていきました。

実は、このパターンで顔色が悪くなった人は、驚くほど大勢います。セミナーに参加された方で、話を聴かれているうちに顔色が悪くなった方もたくさんいます。

難しい営業のロジックの話をするまでもなく、「購入の決定権者に話をしなければ、まとまる話もまとまらない」ということくらいは、新入社員でも分かる話だと思うのですが、どうもそこには意識が行っていないようです。ですから、

「まさか、権限のない人に話をして、仕事が取れるなんて思っていませんよね？」

と突っ込んでみると、さらに「アイタタ…」と。

そう、コンサルタントと称する人が、こんな初歩的なミスをするとしたら…ということです。少々、毒っ気のある表現をしているのは、どうしても、正しい認識をもって頂きたいからです。

マグレと確率論の構造的な違い

よく、講演やセミナーをしていて、「たまに仕事になる」といった表現をする人がいます。日本語的にはかなり「あいまい」なので、ご謙遜をされて言われている場合もあるので、一概に決めつけられませんが、確認すべき重要なことが一つあります。それは、確率論なのか、はたまた偶然なのか…という点です。

どちらも「たまに…」なら、同じようなものでは？　と考えている人もいますが、この両者には、驚くほどの差があります。ここが分かっていないと、本当に不安定な、「行き当たりバッタリ」の商売になりかねません。

簡単に言えば、

「一定の確率で発生（仕事）になる」話なのか、
「単なる偶然で、発生する条件も確率もよく分からない」話なのか、

という違いです。前者は商売になりますが、後者では「ヤバイ」のです。

商売やビジネス、もっと言えば営業でも何でも、「一定の確率」それも「理論的な土台がしっかりある」ことが前提で、それに即した行動をしなければ、「下手な鉄砲、数打て

ば…」状態になってしまいます。

では、コンサルティングビジネスにおける、理論・理屈でいう確率とは、どういうものか…と言えば、次のようなものになります。

1、コンサルティングの開始（指導）

←

2、コンサルティングの契約（受注）

←

3、コンサルティング内容の説明、確認

←

4、コンサルティングの見込み客の発掘

「あれ？ 順番が変では？」と思われた方が多いかもしれません。そうですね、分かりやすくするために、ここではあえて逆から順番に記しました。

1の「指導」をするのがコンサルタントの仕事です。ですから、その仕事を得たいのですが、何もせず放っておいて仕事がやってくるほど世の中、甘くありませんので、何かしら活動が必要ということです。その流れを示している訳です。

逆から考えていけば、非常に物事は簡単に理解できます。

1のコンサルティング「指導」を実際に得るためには、当然ですが、2の契約（受注）が必要です。そのためには、3の、コンサルティングの説明が必要です。

数百円や数千円の商品ならいざしらず、数十万円から数百万円にもなる契約の内容を、何の説明も確認もなく、いきなり受注というのは、商売的に考えればどう考えても非常識というか、極めて不自然だからです。

この辺りも後述しますが、昔からの「なんとなく」やってきたスタイルのコンサルタントが、「そんなのは、向こうから来るんだから…」と、殿様商売を当然のように考えている人も未だにいます。

しかし、そういう姿勢こそが、「コンサルタントはいかがわしい」と思われる原因の一つであり、そもそも、「何をしてくれるのか分からないのに、おカネだけ取られる」という、トラブルの元と言えます。

当社は、「コンサルタント商売をキレイにしていく」ということも、事業方針に掲げており、こうした「いかがわしいコンサルタントは、使わないほうがいいですよ」と経営者に対しても啓蒙しています。まっとうに仕事をしているコンサルタントからすれば、大変迷惑な話だからです。

それはさておき、この3の「コンサルティングの説明」をするためには、それを聞きたいという人を集めるためにアプローチしたり、告知する必要があります。これが4の見込み客の発掘です。

こうご説明してくると、実にシンプルなことと思います。

シンプル過ぎるせいか「バカにしているのか！」とか「それくらい分かっている」と、怒り出さないまでも、不機嫌さを露骨に表される人もいますが、こちらは大真面目でいつも言っています。

この流れが本当に分かっているとしたら、

「自分が一体、誰を見込み客として、
どんな活動をしなければならないかは、火を見るよりも明らかのハズ」

だからです。

3の「コンサルティング内容の説明」…とは、要するにセミナーであり、4の「見込み客の発掘」とは、そのセミナーの案内先や対象、またブログやウェブでの案内…等の活動を意味するからです。

では、単純な質問です。


「コンサルティング契約の決裁権を持っているのは誰ですか？」

「コンサルティングを発注するかどうかの判断をするのは誰ですか？」

「コンサルティングの指導を受けるのは誰ですか？」


この人物を相手にコンサルティングの説明をしなければ、契約に至らないことくらい誰でも分かる話ということです。

そして、コンサルティングの場合、そもそもアピールすべき対象者は、すべて一貫して同じだということです。

その人とは誰か、もちろん会社の規模や役職上、多少の例外はあるにしても、常識的に考えれば、**「社長」「経営者」**だということです。


確率論で…という意味は、「計算が成り立つ」ことを意味します。例えば、正しく見込み客にアプローチして、そのアプローチが１００人で、その内10人が説明を聞いてくれて、

1件が契約になる…。この場合、2件の契約を獲得したいと考えるなら、200人にアプローチしたり、途中の段階の確率を上げていく、ということが考えられます。確率と施策の問題だからです。

この当たり前のことがしっかり分かっていれば、「営業スタッフを相手にセミナー登壇」して、そこからコンサルティング契約が取れれば…と考えることが、いかに「マグレ」や、「単なる偶然」に委ねられているか…ということです。

基本的に、「決裁権を持たない人」を相手に、しかも対象者向けとは違う商品説明をして、それで契約になることは、「論理的に考えれば、確率は限りなくゼロ」だからです。もしあなたが営業職で商談に望むとき、決裁権を持っていない人が次から次に、何人も何人も目の前に座るとしたら…ということです。

その状況下で受注があり得るとしたら、「たまたま決裁権を持っていた人が、紛れ込んでいた」場合です。

そして「営業スタッフ向けの話だが、会社の販売に関するコンサルティングを契約してもいいかな？」と機転を利かして考えてくれて、（実際には、更なる勘違いもあるのですが…）契約に至ったという、相当な偶然でも重ならない限り、受注はないことが分かります。これが、「マグレ」の正体です。

ですから、理屈がないままの「たまに仕事になる…」の場合、何の確率論もない偶然の上に、まさに、「たまたま起きていただけ…」ということが分かります。

このことが頭の中で、ピンとつながったのでしょう、Kさんが青ざめた理由はまさに、ここにあるのです。

実はKさんだけではありません。他の書籍でもご紹介したFさんはじめ、この最も重要な「自分のお客さんは誰か…」をよく考えずして商売を始めてしまった…という人が意外な程多いのです。言ってしまえば驚くべき初歩的なミスです。

なぜ、こんな単純なミスをしてしまうのか…。普通に考えれば「あり得ない」ような話なのですが、そこには、ミスを誘発させるカラクリがあるのです。これから、その理由を説明していきましょう。

2、センセイと呼ばれる人のピンキリの実態

誰でも都合よく「コンサルタント」を名乗っている

いま、自分がアプローチすべき対象や活動…について簡単にご説明しました。この話をするとき、「自分は営業スタッフへの指導が仕事だから、セミナー登壇しても当然、そこには社長とかそういった決裁権をもっている人がいないけれど…」といった疑問を持たれた方もいると思います。

こうした疑問に、「なるほど…」とか「自分もそうだ」という人も結構いるでしょう。これには、「大きな誤解」を解く必要がありますが、そのことを分かって頂くためには、2つのことを押さえていただく必要があります。

1つは「コンサルティングという仕事」についてと、もう1つは「先生業における営業方法の違い」です。

まず1つ目の、「コンサルティングの仕事」についてですが、端的に言えば、「研修との違い」を、まず理解する必要がある…ということです。

コンサルティングと研修…。言葉が違うことくらいは誰でも分かると思いますが、この

違いを訊いてみて、具体的に説明できる人は前述のとおり僅少です。

大抵は、「えっと、企業内でやっているのが…」とか、「セミナー会場で実施するのが…」といった、分かるような分からないような、正直に言えば「的外れの答え」が返ってくることが大半です。

イメージでなんとなく分かっているつもりでも、言葉にしようとすると「???」になってしまう人が多いのです。

もっと言えば、「何をするのが、コンサルティングなのか?」ということですが、これを本当に分かってクライアントに提供しないと、本書の冒頭でお伝えしたMさんのように、「自分はコンサルティングを提供しているつもりでも、相手はそう思っていなかった」ということになりかねない訳です。

しつこいようですが、読者の皆さんは、「コンサルティング」と「研修」の違いを、ご説明できますか?もっと言えば、「トレーニング」や「訓練」、「ファシリテーション」、「ミーティング」…などの違いも分かりますか?

ちなみに、先に、「コンサルタント」になるのには、資格は不要だと申し上げましたが、これに伴い、「コンサルタントだから、これができなければならない」という厳密な決まりというものも、一切ありません。

ですから、ここで申し上げる「研修とコンサルティングの違い」というものは、あくまでも法的な決まりなどというものでは、決してありません。

ただし、「社会通念上の常識」として、消費者側、つまり会社側などからは、ほぼ一致したイメージを持たれています。それは、

「経営の（儲かる）仕組みをつくる指導」がコンサルティング。

「担当者への知識提供や能力アップ指導」が研修。


ということです。

もちろん、細かいことや、微妙な中間点的な指導というものが存在することも事実です。

しかし、頭の整理のためにも、ここではあえて、分かりやすく申し上げています。


いかがでしょうか？　そのとおりと思われる方もいれば、「いや、自分はそう思わない！」という人もいるかもしれません。

ただご理解いただきたいのは、現実問題として、受け手側、つまり企業、特に経営者は、こうした前提で指導というものを受けているケースが大半のため、受け取る価値も料金も、

必然的にその基準に沿っていくことになります。

なぜそんなことが分かるのか？ と疑問に思われる方もいるかもしれませんが、言葉そのものの定義はともかくとして、中小企業の社長さんに話を聞いてみたり、ご質問されてみると、次のような言葉返ってきたりします。

「えっ？ 経営者を相手にしないコンサルティングってあるの？」
「社長対象の研修っておかしいよ。それは社員向けでしょ？」
「コンサルタントが代わりにやるって、それは代行屋でしょ？」
「一生懸命にやってくれるのはいいけど、仕組みつくってくれないと…」
「営業スタッフを教える先生と、営業戦略の先生は内容も次元も別でしょう」…

などなど、直接的な説明の言葉がなかったとしても、少なくとも感覚的にはしっかり違いを理解されていることが分かります。

これらは前職時代、経営者向けのご商売繁盛のお手伝いをしてきましたが、多くの社長さんと接してきた中で、はっきり分かっている事実の一つです。

ちなみに、この社長の感覚には、規模の大小は関係がありません。社員何千人の会社でも、スタッフ数人の小さい会社でも、考え方の基本は同じです。

もっと言えば、誰でも同じ感覚になります。

例えば、あなたが3人のスタッフがいる小さな会社の経営者とします。「スタッフの仕事力を高めたい」と考えて、「パソコンやソフトの活用方法」などを「外部の先生」に指導依頼するとしたら、これは「担当者への教育訓練・能力アップ」を期待していると思います。要するに本質的に「研修依頼」という訳です。

一方、「自分が1カ月間、不在でも事務所が回る仕組みをつくりたい」と考える場合は、これは、「社内にその仕組みができあがる」ことを期待していると思います。これは本質的にコンサルティングを依頼している訳です。

つまり、「スタッフの能力アップではなく、むしろ平準化されて誰でもミスなく回せる体制」や、「現在のスタッフが辞めても、新しい人が入ってきても回る」ことや、「重要な情報やノウハウ、マニュアル的なことが蓄積され保全される…」といったことが依頼内容でしょう。

このため、担当スタッフへの指導も多少はあるかもしれませんが、基本的には発注者の「あなた」を通じて仕組みづくりの指導が行われることになります。

さてここで、頼んだ外部の先生が、事務所のスタッフに対して、仕事のやり方を手取り足取り教えたり、さらには代わりに所内の仕事を一生懸命、肩代わりしてやり始めたとしたらどうでしょうか。

よくある話ですよね？　周囲にもいませんか？

汗水たらして「代わりにがんばって片づけた」という人や、「自分が率先して見本を見せた」という人です。あなたが事務所の経営者の立場であれば、一体、どう思うか…ということです。

あなたが欲しかったのは「仕組み」でしたよね？　となると、代わりにやってもらっても全然うれしくない訳で、むしろそんなことをされれば、「邪魔だから」とか「そんなことより仕組みをつくってほしい」と文句を言うでしょう。

いかがでしょうか？　立場が変われば誰でも分かる話なのです。

これが研修とコンサルティングの本質的な違いです。肩書や仕事の名前をどう表現するかは自由ですが、少なくとも、企業側はこうした前提に基づいて、依頼していることだけは、忘れないでください。

間違いだらけの営業方法

何を提供するのかの本質的な理解は極めて重要です。売り手と買い手で、取り引きに関する合意は、商売の大前提だからです。

さて、誤解を解くために、もう一つ重要な「先生業における営業方法の違い」についてをご説明します。先生業に限らず、商売は仕事あってのことですから、受注獲得のためには様々な活動が必須です。

この営業活動について、極めて重要なことがあります。それは、

「自分の商売・ビジネスについて、的確な営業方法を知っている」

ということです。

これまた「あまりにも当然」のことだと思います。そしてすべての商売について言えることでしょう。

もちろん全部を知っていることは難しいことですし、次々に新しい手法もでてきます。しかし、「どう展開していけばいいか」といった、大元の部分や戦略的なことが分かっていなければ、それはまさに無策で始めたに等しいということです。

だから、営業方法を考えずに始めるとしたら、これはもう「気は確かですか？」という話です。**商売やビジネスとは、「どう売っていくか」をまず先に考えながら組み立てる、**というのが基本的な鉄則だからです。

巷には、後先考えずに、「どうやって売るかも考えずに作った」とか、「勢いで始めちゃった」…といった笑い話的なことを耳にすることがあります。

勢いというか、慌てた人というか、商売とかビジネスをしっかり考えずに始めてしまったということでしょう。

これはこれでしょうがない面もあるかもしれません。しかし、こと「経営の指導をするコンサルタント」、その本人が、どうやって商売していくか、営業していくかを考えずに始めてしまうとしたら、これはさすがに笑えない話、ということです。

ところが、現実にはこの信じがたい話が、結構少なくないのです。なぜ、そんな間違いをしてしまうのか…。

前述したとおり、「似てるように見えるセンセイ」をマネてしまうからに他なりません。例えば、いまご説明した「研修」を仕事にしている人を、自分も同じ仕事だと思ってマネてしまったりするのです。

研修の先生は、ご本人が意識的かそうでないかはともかくとして、研修の発注権限者が、会社の上層部であることは、間違いなく理解されていると思います。少なくとも、一担当者が部門などの研修を依頼してくることは、まず無いからです。

さてそこで先に掲示した「先生業の構図」を思い出していただきたいのですが、「多くの人を相手に専門的な内容を教える」というBのゾーンとは、つまり、「企業向けの研修の先生」の位置だとお分かり頂けると思います。

社員やスタッフなど、多人数を対象に知識や技能などの能力アップをはかる…、こうした典型例が、セミナーや研修だからです。

この仕事を、「どうすれば受注できるか」を考えるとき、「○○研修の効果とメリット」といった内容で、管轄部署の長などを意識してアピールすることができれば、最も端的に営業していくことができます。決裁権者にダイレクトだからです。

実際、知人の研修をメインにされている先生の中には、とても賢くこうした営業方法でたくさんの受注を得ている人もいます。

ただ、この手の営業方法を取る方は非常に稀です。失礼を承知でその理由を申し上げれば、「自ら能動的に営業するという発想がほとんどない」からです。

こういうとBゾーンの先生だけの話に聞こえるかもしれませんが、これは、Bゾーンの先生に限らず、AゾーンもCゾーンも、Dゾーンにも共通する、「悪しき習慣」と言えるものです。先生業全般に共通する、弱点の一つです。

これは決してバカにしたり、批判的に申し上げている訳ではなく、「そういうものと、思い込んでいる」というのが一番の原因ということです。

逆に言えば、「常識的な営業感覚があれば、間違いなく繁盛できる」…とも言えます。周囲には強い営業力をもっている人が、ほとんど居ないからです。そういう意味では先生業の市場とは、「非常にやりやすい」とさえ言えます。


さて、本来の方法はさておき、研修の先生に現実に多い受注に対しての活動…と言えば、「講演やセミナーに登壇させてもらう」というものです。

多くの場面に積極的に露出することで、自分の存在や認知度を高めていき、社員やスタッフの指導に対して、「有名だし、この先生なら大丈夫でしょう」という認識をもってもらうことで、依頼をつくりだすというパターンです。

このため、典型的な方策の一つとして、セミナー会社、講演企画の会社、商工会議所など各団体の担当者、エージェント会社…等に、挨拶周りや顔を売る活動というのが、よく行われます。

このとき、営業面でいえば、「自分の本」があることは重要で、実際、非常に有利になってきます。

本は「講演」や「セミナー」を企画する担当者や、売り込みをかけるエージェントからすれば、便利な素材になります。

講演会を企画するには、担当者が集客のテーマやコピーを考えなければなりませんが、本があれば、「ネタ帳」ではありませんが、タイトルをマネたり、講演テーマにしたりと、つくりやすいのです。

本があれば、その信頼性によって、呼ぶ口実も誂えます。さらに、売れている本になれば、「知名度の高い先生が登壇する」となるので、企画の担当者としては、もっと都合がよくなります。

こうした効果は、当然集客的にも有利に働きます。このため、「数が出ている本の先生」というのが、大きなアドバンテージになってきます。

こうした理由もあって、「たくさん売れる本を出して、登壇をたくさんする」ことが、売れる先生になる方法、と言われる訳です。これは今申しあげたとおり、「非常に理に叶った方法」と言えます。

ただし、理に叶っていても、あくまでも「Bゾーンの先生の場合」だということです。

なぜなら、たくさんの数、具体的には5万部や10万部、もっと多い部数の場合もありますが、いずれにしても、それだけたくさんの数が出るということは、まず間違いなく「大多数の人」ということです。会社で言えば、「若手を中心とした一般社員層」が、その中心的な読者層という事です。

これは、ちょっと考えてみればスグに分かることですが、社長は会社に1人です。30人の会社でも100人の会社でも、1万人の会社でも、1人です。役員や事業部長…などでも、数十人に一人しかいません。

日本には、「社長は100万人くらいいる」と言われています。会社の数で言えば300万社とも500万社とも言われていますが、この中には工場や代理店を会社としていたり、もう実際には商売はしていない古い会社、さらには節税のための名義だけの会社なども多数含まれています。

また、儲かっている会社や成長している会社の社長は、3社や5社など、複数の会社を経営していることがとても多いものです。

旺盛な事業欲に加え、税金対策上も有利だからです。このため、実態を伴って商売をやっているとか、経営をしている「社長の人数」となれば、100万人くらい…というのが、当たらずとも遠からずということなのです。

つまり、わずか数年で、10万部以上も売れるようなベストセラー書というのは、そもそも、読者対象が社長や経営者では、まず不可能…ということです。実数や確率論で考えて、全社長の、10人に1人が買うなんていうことは、常識的に考えて、あり得ないことだからです。このため、

「たくさん数が出る本を出す」

←

「有名になって登壇する」

←

「仕事の獲得」

という導線は、はかなくもDゾーンの先生では成立しないのです。

3、絶対に気をつけるべき「3Sの人種」

ボタンの掛け違いは何から始まるのか…

「たくさんの本を売って…」の方法が、Dゾーンの先生の場合、成立しないと申し上げました。

もう少し正確に言えば、「たくさん売れる本＝一般向け」というのが、不成立の原因ということです。自分のクライアント層とズレるからです。

これがもし、「そこそこ売れる本＝経営者など、決裁権を持つ読者層」で行けるなら、この後には、

「決済権を持つ人に参加してもらうセミナー」

↓

「コンサルティング」

と、前述した導線どおりに進めていくことが、確率論でできるようになります。

この「もし…」というのができれば、充分可能性がありますし、大いに進めていくべきなのですが、問題が一つあります。難易度が高いのです。

なぜ難しいのか…と言えば、それは「数が出ないのなら、その本は出せない」…という、出版社の壁が立ちはだかるからです。

当たり前ですが、出版社は、「単価×数量＝売上」の論理で動く訳で、1千部や3千部しか見込めない本など、全然商売にならない訳ですから、「そんな本はだせない」となってしまいます。

現実的には、タイトルの付け方を、社長や経営者を含むが、もっと対象者が広がるようにしたり、売り方も協力できる面を提示したり…と、こうした壁を突破していく方法がいくつもあります。本書では、出版対策とは主旨が異なりますので、詳細は割愛いたしますが、いずれにしても最も注意すべきは、

「自分の真のクライアント層に対して、確実にリーチしていける方法になっているか」

この一点に対して、確実に自分のビジネスを組み立てていくことが重要ということです。

これは、コンサルタント商売に限らず、あらゆる商売における絶対的に重要な「大基本」

です。言われれば誰でも「そのとおりでしょう」と頷かれると思います。

では、なぜ「間違う人が続出するのか…」ということですが、その最大の原因は、周囲にいる3種類の人達に惑わされる…からです。

当社では、頭文字から「3S」と呼んでいます。それは「先輩（経営者）」、「親族（身内）」、「専門家ふう」の3者です。

この3Sは実に強敵です。自分の思考軸や思考回路を、激しく揺り動かし、まるで洗脳がごとく、あなたを動かしてしまうからです。

困ったことに、前2つの「先輩（経営者）」と「親族（身内）」に関しては、頼んでもいないのに、様々に指示やアドバイス、時には命令に近い強制力をもって、あなたが本来進むべき道から、どんどん遠ざけていってしまうことが少なくありません。

あなたが望んでいる「真のコンサルタント商売」と、「他の似て非なる商売」の違いを理解できていないからです。そして純粋に、「こうした方がいい」と、まったく悪気なくアドバイスをしてくれるのです。

この、「悪気なく」というのがポイントで、当の本人は親身になって、そして良かれと思っての言動だけに、実に厄介なのです。

誰でもそうですが、これから起業や商売を始める…というとき、本人の不安も増長して、懇意にしているビジネスの仲間、関係の深い商売の先輩経営者などからのアドバイスが、これまで以上に心に響いてくる…ということがあります。

会社の中では分からなかったこと、商売を始めるに際しての心構えや、行動方法…などについて、様々な教えは「なるほど…」と思えることが実にたくさんあるものです。向こうは向こうで、「ぜひ上手くいってほしい」と思うからこそ、より一層、熱心にアドバイスをしてくれることも多いものです。

ですから、ビジネスにおける先輩方からの親身なアドバイスは、本当にありがたいものですし、こうした教えを頂けていなかったら、「今頃大変！」と思われることも、実にたくさんあることは間違いありません。本当にありがたいものなのです。

しかし、もう一つ重要なことがあります。それは、

「商売は、正しく顧客への導線がなければ、どれだけ表面を模倣しても失敗する」

という、実に冷徹な現実があります。

簡単に言えば、自分のお客様を見つけ、そこに的確にアプローチして商品やサービスを購入してもらう…という活動ができていなければ、どれだけ表面上似たようなことを一生

懸命に行っていても、すべて無駄な動きになり、商売が繁盛することはない、という単純な話です。

前述した、コンサルティングを実施するまでの4段階を、自分の見込み客にしっかり登ってきてもらうためには、それに適した活動をするに限ります。他のことをやっている余裕もなければ、やるだけ遠回りだからです。

ですから、いくら表面的に似ているからといって、

「セミナーで登壇する（見込み客とは違う客層やテーマで）」
「本を出す（見込み客とは違う読者対象やテーマで）」
「雑誌に寄稿する（見込み客に関係ないテーマで）」
「人と会う（見込み客とは関係ない人）」
「ウェブで発信する（見込み客と違う読者に向けて）」

ということをやっても、Dゾーンの先生にとっては、商売繁盛につながらない…ということが分かります。

ただし、これは「先生業のビジネスモデルの違い」を理解できていなければ、判断ができ

きないことです。

コンサルタントという商売が、その肩書の簡単さとは裏腹に、実際には実に多岐に渡るため、本書冒頭でご紹介したように、10年選手のようなベテランの方でさえ、このモデルの違いをご存知でない人が多いのです。

ですから、いくら先輩経営者と言っても、他の商売をされている方であれば分からなくても当然というもの。正しくコンサルタント業を理解してアドバイスしてくれるというのは、これはもう本当に難しい話ということなのです。

この結果、何がおきるかと言えば、「士業もコンサルタントも、講師も一緒でしょう?」という、いわゆる「いっしょくた」です。

そうなると、後は「おあつらえ向き」と言っては何ですが、「先生と言うのは、有名になれば売れて仕事になる」…という、「ザ・ワンパターン」的な発想で、「登壇」も「本」も語られ、それが成功するための常套手段とされてしまう訳です。

ただし、あくまでも表面の模倣のため、その中身、つまり「見込み客は誰なのか」ということは、一切語られることはありません。

語られたとしても、前述のとおり「会社でしょう?」くらいの、実にあいまいな答えくらいで済まされます。そして、単純にカタチとしての、本やセミナーだけが言われることになります。周囲がある意味、スクラムを組んであなたにアドバイスをしてくるかもしれない訳ですから、これは本当にやっかいです。

対処方法としては、自分がやろうとしているビジネス、つまりコンサルタント業であれば、コンサルタントとしての活動方法をしっかり押さえることにつきます。

ちなみに、「お金になるまでの違い」というものも、ビジネスモデルによって大きく違います。詳しくは後述しますが、「Bゾーンの先生」の場合、お金になるまでが、かなり早いという利点があります。

登壇すれば、「講演謝礼」がもらえますし、「企業研修」のあっせんや受注でも同じく、その時点でお金が入ってくるからです。事前の投資というものがほとんど必要ないので、即実入りになるのは、大きな利点の一つと言えるでしょう。

一方、Dゾーンの先生の場合、その特殊性が故の「認知してもらう」ことを、自らおこなっていく必要があります。

登壇といっても、自主開催によるセミナーを開催していく必要があり、その集客費用は、いわゆる販促費であり、当然自己負担になるため、基本的には「先にお金が出て行く」ということになります。

この部分だけ聞けば「ひどく不利な商売」と考える人もいますが、ただしこれは、他の商売で考えれば極めて普通の話です。

お店を出すためにはお金が掛かりますし、モノをつくって売るなら機械や原材料が先にかかります。ですから、特段おかしな事でもなんでもないのですが、「似て非なる仕事」と同じだと思っている人からすれば、おカネが先にでていくなんて、「それはオカシイ」と見えてくる訳です。

これも実にやっかいな現象の一つです。

「自分たちは、おカネなんてかけない…」だとか、「先生をやっているのに、お金が掛かるのは変だ」、さらには「それは、間違ったやり方だ」といった、まさに余計な外野の声が必ずと言っていいほど、でてくるのです。

言ってしまえば、知らないが故の、無知がもたらす強烈なブレーキが、あなたにかけられるのです。その最たるものが、次にご説明する家庭内の「早くお金に…」という、暗黙のプレッシャー（実際に声にされる場合もありますが…）なのです。

感情が勘定を邪魔する

家庭内の話をするとき、「いや、自分は商売の重要性をよく伝えているから、そんなことは起きない」…といった反論をされる人もいます。もちろん、何も起きなければそれに越したことはありません。ラッキーです。

ただし、わざわざ申し上げるからには、理由もあるのです。「人はそれほど、合理的に物事を判断できない」からです。要するに感情が邪魔をするのです。

例えば、おカネが先にかかる…と分かっていて、販促費にお金を30万円かけるとします。「よし、勝負だ！」と突っ込んでいこうと思ったその瞬間に、「家の冷蔵庫が壊れたんだけど…」と、家庭内で言われたとします。さて、あなたは冷静な判断ができるでしょうか…ということです。

もちろん、潤沢なお金があれば何も問題ないでしょう。

冷蔵庫も新しいのを買って、そして販促費も出せばいいだけの話です。しかし、起業時や、まだ立ち上げのとき、もっと言えば、なかなか上手く廻っていない時などに、数十万円のお金は、本当に骨身に浸みる金額でしょう。

これがまだ、「自分一人だけの世界」であれば、己に言い聞かせて判断することも簡単と言えば簡単ですが、身内や家族がいれば、そうも行きません。

ちょっとした一言があたなに、次々と、そして何度も何度も襲い掛かってくる？ことになります。


「そんなのに30万円もかけるの？」

「ちゃんと返ってくるんでしょうね？」

「他の人は、そんなことやってないのに、大丈夫？」

「そこから、少しだけも冷蔵庫に出せないの？」…


なんて言われたら、まあほとんどの人が、ぐらぐら…（笑）

いえ、決して笑い事ではありません。

自分でしっかりと戦略を練り上げて不動の心をもっていれば別ですが、根拠もあやふやな上に、「他の人はそんなことしていない」という、いわゆる「みんな…」の言葉を浴びせられると、人は心を揺さぶられてしまいます。

何気ない親族（家族）の言葉は、毎日のように強烈に刺さってきて、徐々にあなたの判断を惑わせることになります。

さらに言えば、起業前と起業後では、

「毎月確定した金額が黙っていても入ってきた」

↓

「まったく不確定で、しかも次はいつ入ってくるかさっぱり分からない」

に変わる訳で、「お金が入ってくるのは確かなのか？」などと問い詰められると、まともな判断が下せなくなって当然？という訳です。

この結果、大事な販促費が遅れたり、削られたりしたらどうなるか…。言うまでもないことですが、その結果は自分の商売が立ち上がる可能性が、それだけ低くなっていく…ということです。

断っておきますが、「誰もあなたの商売を邪魔しようと考えている」なんてことは毛頭ありません。先ほどから何度も申し上げているとおり、純粋に、「良く知らないがために、間違ったアドバイスや誘導をしてしまう」ということなのです。

知人や先輩経営者、身内…の方々は、あなたのことを思って親身なアドバイスをくれていることは間違いありません。これはかけがえのない貴重なものです。ですから、決して蔑ろにしたり、無視したりは禁物です。

重要なことは、自分の夢である「本物の売れるコンサルタント」になるためには、その「ビジネスモデルをしっかり理解し、それと違うモデルのことについては聞き流す」これができるかどうかです。

何度も言うように、自分の見込み客にリーチできないことにどれだけ努力しても、カタチだけマネをしても、まったく無駄だからです。

先輩や身内の他にも、いわゆる「先生業の先生」が巷にはたくさんいます。3つめの要注意すべきSです。

「講演で活躍する方法を教えている人」や、「士業の繁盛法を教えている人」、「セミナー講師で成功する方法を教えている人」…などです。

他にも、「各種お教室を開いて成功する方法」や、「ビジネスタレントとして売れる方法」「ベストセラーで講演する方法」…など、様々な先生がいますが、一つだけ、絶対に押さえておかなければならないことがあります。それは、「各先生ごとの商売の違いを、正しく理解している人かどうか…」です。

正直なところ、「先生ならなんでも同じ…」と、全部混ぜこぜで扱おうとしている人が非常に多く、その最たるは「士業・コンサルタント・講演講師…」と、全部を併記して謳っているケースです。

先生業のモデルで言えば、「ゾーン」も違えば、「収益モデル」もまるで違うのですが、これらの違いをロクに理解せずに「こうすれば売れる」とばかりに指導しているとしたら、一体どうなるのか…ということです。

こうした先生の幻惑も、大変危険なものですが、これについては、知人や身内とは違って悪気なく…ということはありません。要は自分が正しく理解し、自分の商売やモデルに合っているものを的確に選択すればいいだけの話です。

いずれにしろ、自分がこれまでに培ってきた知識や経験、ノウハウ…などを活かして、報酬的にも大いに報われる「独自性のあるコンサルタント商売」をしたい…と考えるなら、自分はどこのゾーンを選べばいいかは、もうお分かりだと思います。

そして、さらに言えば、ここに「収益モデル」の違いを重ねて理解することで、あなたのコンサルタント商売は、より一層、「何をしなければならないのか…」が、ハッキリしてくることになります。

「収益モデル」の違いは、実に重要です。同じ「コンサルタント」と表現していても、おカネになってくる根本がまるで変ってくるからです。

特に、士業の先生方に、この収益モデルの違いをご理解いただくと、これまでモヤモヤとされていた商売上の取り組みが、「霧が晴れていくように、打ち手が見えてきた…」と言われる人も少なくありません。

実際、優れた士業の先生の中には、当社にお越しになられた後に、コンサルティングを「二階建て」のように組み立てられ、大いに士業ビジネスを繁盛させていらっしゃる方もいます。まさによく理解した上での、「いいとこどり」と言えるでしょう。

次章では、この、コンサルタント商売としてぜひ押さえておくべき、「収益モデル戦略」についてご説明していきましょう。

第3章

繁盛するために絶対に押さえるべき収益モデルの原理原則

1、なぜ、税理士の先生をマネてもダメなのか

税理士モデルの本質

コンサルタントとして起業してから1年近く過ぎたというMさんが、当社のセミナーにご参加された後、東京都内の事務所にご相談にお越しになられたのは、まだ暖かさが待ち遠しい3月の下旬ごろでした。

当社では、お越しになられる方のプライバシーを考慮して、隠れ家的なコンサルティング専用の事務所を構えています。お越しになられた方には、黒い長テーブルの中央にある白い椅子をお薦めして少しくつろいで頂いています。

テーブルの上には、いつもご用意している小さなチョコがあります。温かいコーヒーも一口飲んで一息ついていただくようにしています。少しでも気を落ち着かせリラックスしてもらいたいと思っているからです。

コンサルタントという仕事は、いわば「人にモノを教える仕事」ですから、そのご本人に面と向かって「困っていますよね?」などと、もし訊こうものなら、間違いなく全員が、「困ってなんかいません!」と言われるに違いありません。

これは、土足で他人の家にあがるようなもので、相談以前に、たいへん無礼というものでしょう。

昨今では、「効率」とか「時間短縮」とやらで、単刀直入にいきなり質問したり、ウェブで相談といったことをする先生もいますが、当社は、顔と顔を合わせて、少しでも安心してご相談いただけるように…というのは、とても重要だと考えています。

数分ほどお天気の話などをした後、しばらくして、Mさんは少し表情を曇らせながら次のように話されたのです。

「ゴトウ先生、コンサルタントをやっている知人から、顧問契約すればいいと言われて真似したんですが、どうも上手くいかなくて困っていまして」――

なるほど、ある意味よくあるご相談の一つです。

問題点はおおよそ想像がつくのですが、しっかり、Mさんのお仕事というか、指導内容も聞かなければ、判断が間違ってしまいますので、どんなことをされているとか、契約方法などについて伺うことにしました。

すると、これまた不思議な返事が…。

「あれ？ 仕事内容は、コンサルタントの契約方法と関係あるんですか？」

この言葉を聞いて、これは基本からご説明しなければと思い、その後ゆっくりご説明して納得いただいたのですが、読者の皆さんはいかがですか？ コンサルタント商売のやり方は、その内容に大きく影響すると理解されていますか？

まず、コンサルタント業としての商売繁盛を考えるとき、まず理解しておくべきなのが、収益方法です。簡単に言えば、「どうやってお金をいただくか」という商売のモデルというべきものです。

そんなのカンタン、月々の契約で…と、まず思いつくのがいわゆる「税理士モデル」と言われる商売方法でしょう。

税理士の先生や顧問の先生というのがイメージに浮かんでくるような、月額契約のスタイルで、毎月訪問して指導やアドバイスするというようなやり方です。

内容的には、バランスシートや損益計算書を読みながら、在庫対策や経費対策、寝ているお金を減らして有効活用する方法を説いたり、節税方法などをアドバイスしたりするのが、よくあるパターンです。

一方で、本書の冒頭でも申し上げましたが、決算書とは無縁のコンサルタントの先生もたくさんいらっしゃいます。

どちらも「コンサルタント」の先生であることは間違いありませんが、実は両者の間には想像以上の違いがあります。一言で言えば、「食べ方」が違うのです。

問題は、この食べ方の違いを理解できていないと、自分がどうやって商売していけばいいのか、さっぱり分からなくなってしまう点です。

分からないどころか、実際には「食べて行けない」ということが起きます。お金がもらえないからです。

しかし、これまでこの「食べ方の違い」について語られることは、ほとんどありませんでした。違いを理解して説明できる人がいなかったこともありますが、そもそも論として、みんな一緒だと勝手に思い込まれ、そして扱われてきたからです。しかし、根本が違うため、同じようにやっても上手く行くはずもありません。

これに、多くの先生が苦しんでいたのです。当社が、このモデルの違いをご説明し始めたとき、多くのコンサルタントの先生方と共に、士業の先生方からも感謝の声をたくさんいただきました。

いわく、「税理士の先生のマネをしても、上手くいかなかった理由がやっと分かった」と。

特に、中小企業診断士の先生や、行政書士の先生などから、たくさんのお声を頂きました。

それはつまり、「士業は皆一緒」と思われ、扱われてきた証拠です。

士業全部をさして、あえて「士業モデル」と言うなら、もちろん似ている部分はたくさんあるでしょう。

しかし、**「どう食べるか」はビジネスの生命線だけに、そこが違えば、「まるで違うビジネス」と考えなければならない**のは、ビジネスの鉄則と言えることです。

本書は「自分の知識や経験を活かしてコンサルタントとして成功する方法」をご説明する本ですから、士業モデルの詳細については横に置きますが、ただ一点、理解しておくべき極めて重要なポイントがあります。それは、「その商売は、収益モデルが確立されているかどうか」ということです。

簡単に言えば、「毎月お金をいただけるモデルがあるか」ということです。これは、そのモデルをご本人がつくりあげたかどうか…という話ではなく、あくまでも「一般的に、そうしたモデルが普通になっているか」という話です。

例えば、税理士の先生の場合、「毎月、顧問料として○万円」といった「お金の頂き方」

は、特に違和感なく行われています。

もちろん、この「〇万円」の部分が高いか安いかで、色々とご苦労もあると思います。しかし、根本的に「なぜ、月額制なんだ！」と、変に説明を求められたり、月額制を理解してもらうために苦労している…ということは、まずないでしょう。

これは、それだけ「社会的に認知されている商売モデル」ということです。この商売の場合は、こういうふうにするのが当たり前…という認知です。

飲食店の場合、「食べ終わった後に支払う」のが一般的というのと同じで、ある大手飲食店チェーンが「前払い」を通そうとしていましたが、やはり社会通念に勝てなかったのか、「後払い」に変更したほどです。

面白いのは、同じ「飲食店」でもいわゆるファストフードの場合は、新しくできた業態だけに、「商品と交換」とか「前払い」が普通に通っています。まさに、似て非なる商売ということです。

いずれにしろ、「この商売はこういうもの…」という通念的な力というのは、あなたの想像以上に強いと思ってください。なにせ大手企業でも屈っさざるを得ないほどなのですから…。

同じ士業でもマネができない

ちなみに、税理士の先生同様、社労士の先生も、ほぼ同じように「月額制」でお金をいただける商売モデルです。

ですから、この2つの先生の場合、繁盛させていくための考え方や方策などは共通点が多く、マネしやすくて効果が出やすいという特徴があります。収益をあげる根本のスタイルが同じだからです。

一方、行政書士や診断士の先生…などの場合、「同じ士業」と括られていても、根本部分の「月額制でお金をいただけるかどうか」という点が違ってきます。要は、契約を月額スタイルですするという社会通念がほとんどないのです。これは弁護士の先生でも、弁理士の先生でも同じです。

企業と特別な契約ができている一部の先生は別ですが、圧倒的に大多数のこれらの先生においては、月額制で毎月顧問料が入ってくる…というモデルは、決して「普通ではない」のです。ここが税理士の先生たちとの決定的な違いです。

このため、この違いに明確に気づいていない士業の先生や、気付いていても対策が分からない場合、「何か違う…」とは、感覚的には分かっていても手が打てない状況が続くことになります。

さらに、「同じ士業だから…」と、それこそ先輩の先生方から「ああしなさい、こうしなさい…」などと言われてしまうと、逆らうにも逆らえず、無駄な努力を続けることになり兼ねないのです。

例えば、「士業の先生が行うセミナー」なども、この商売モデルの違いを分かっていないと大変です。よくあるのは、闇雲にセミナーを行って、単なる「くたびれ儲け」になっているパターンです。

例えば、「顔を売るように努力しなさい」とか「接触頻度をあげて、認知してもらえれば仕事につながる」と、無料や格安な料金設定でセミナー開催を薦められることがありますが、これがまさに、その典型です。

もちろん、この方法自体、税理士モデルの先生にとっては、「理に叶っている」ので、特に否定することはないのですが、問題は、他のモデルの先生の場合です。

残念ながら、単に表面だけを模倣しても、決して、仕事につながることはありません。収益モデルが違えば、契約の仕方もまるで違うからです。

詳しくは「換金装置」として後述しますが、税理士の先生や社労士の先生の最大の利点は、「顧問契約という月額制の換金方法」を持っている点です。

この大前提があるとき、度々勉強会やセミナーなどで会っていて、「この先生は詳しいし、親切だ」という認識をもってもらえれば、「この先生にお願いしよう」という流れができます。しかも、「とても自然に」です。

このとき、仮に現在、昔から頼んでいる顧問の先生がいて、この先生の対応に少し不満でもあれば、切り替えが検討されたりします。

また、たとえ切り替えがなくても、もう一人の知恵や意見も参考にするとして、「セカンド・オピニオン」という契約が検討されることも、最近では決して珍しくなくなってきています。

実際、当社でも複数の先生と契約しています。税務上の様々な知恵を頂いていますし、会社の社長であれば、常に複数の先生と繋がりを持ち、知恵やアイデアを最大限活かそうとするのは、極めて当然のことと言えるでしょう。

いずれにしろ、こうした先生方が、「月額制で契約するのが普通」になっているところに、極めて大きなアドバンテージがあるということです。特に違和感を感じることなく、契約が行われるからです。

では、他の士業の先生が、同じような方法でセミナーを開催したら、どうなるでしょうか。「この先生は詳しいし、親切だ」…までは同じででしょう。しかし、その先が変ってくるのです。ズバリ「契約が極めて難しい」のです。

弁護士の先生の場合、よほどの大企業でもない限り、毎月訴訟がある訳でもなければ、法律問題が起きることも、普通は考えられないことです。

行政書士の先生でも弁理士の先生でも、中小企業診断士の先生でも…同じです。要するに、大手企業などのお抱え先生なら話は別ですが、普通の会社との契約では、

「毎月発生する仕事、処理する仕事がない」

のです。これはかなり致命的です。

「いい先生だと分かっていても」頼むことが見つからないため、契約したくても契約する理由が見つからないのです。

お分かり頂けるでしょうか？

・見込み客の対象も合っている。
・見込み客へのアプローチも合っている。
・得ようとしている評価も合っている。

しかし、その先の最も必要としている、「契約の獲得」に至るには、極めて厳しい壁が立ちはだかるのです。

それは、ご本人の努力不足でもなければ、やり方が悪い訳でもありません。そもそも、商売モデルが違っているため、単純な模倣では成果につながらない…という、悲しき現実の問題です。

事務所にご相談にお越しになられたMさんは、まさにこの顧問契約を知らず知らずにやろうとしていたのです。その結果、上手くいかない状況が続いていた訳ですが、その原因を知って、表情が少し晴れやかになったのは、まさに突破口が見えてきたからに他ならないでしょう。

2、知的ビジネスの繁盛を考えるときの大鉄則

知的ビジネスの商品設定とは

さて、税理士の先生の「収益モデル」をご理解いただいたところで、もう一つ大事なことを押さえていただきたいと思います。

それは、**「契約の難易度を下げるには、契約を獲得しやすいカタチをつくればいい」**という話です。

Mさんにもこのことをお伝えしました。

しかし、よく当社で見る反応をされました。目をキョトンとされ「何だそれは??」というものです。最初は目を丸くして聞かれる方がとても多いのです。

詳しくご説明すればとても簡単な話です。何も難しいことはありません。商売を考える時の大鉄則を、しっかり押さえましょう…という話です。

コンサルタント業でも、士業でも、商売です。いずれにしろ「商売をやっている」ことには違いありません。

ですから、商売の根本原理に即して、

「顧客の設定」×「商品の設定」×「営業方法の設定」

の3要素をしっかり決めましょう、という話です。

この3つが定まっていなければ、商売をやるときに大変だからです。顧客を決めていなければ誰に売っていいかわかりません。そもそもどこに行けばいいかわからないことになります。

しかも、何をどう売っていいのか分からなければ、これは商売が難しいことは誰にも分ると思います。商売の大基本なので、この3要素が変わることはありません。いかがでしょうか？

「いくらなんでも、そんな当たり前のことを…」といった声が聞こえてきそうですね。

しかし、なぜこのようなことを申し上げているかと言えば、1つ目の「顧客の設定」はともかくとしても、2番目、3番目をしっかり設定できている先生業の人が、非常に少ないのが現実だからです。

自分の商売の商品やサービスくらい決めている…とお叱りを受けそうですが、ここはあえて問うてみたいと思います。

「本当にそうですか?」「商品の設定をしていますか?」と。

こう聞いてみますと、

「ウチは、1時間あたり相談料として○万円と決めている」、

「1日、訪問指導すれば10万円と料金体系をつくっている」、

「指導時間は3時間で、あとは人数で3段階の値段設定をしている」…

といった言葉が返ってきたりします。

コンサルティングでも、月額いくらで、「月に何回訪問して、1回あたり何時間指導するか決めている」と。

さらに言えば、「ウチは知的ビジネスをやっているから、1時間あたりウン万円という設定だから効率がいい…」と自慢げに話される人もいます。

なるほど、確かに設定がされているようにも聞こえますし、ご商売の効率も良さそうに聞こえます。

しかし、忘れてならないのは、効率がいいことは「結果論」ということです。その手前

として「売れなければ効率も何もない」のです。

そしてそもそも論として、**「時間当たりいくらは、料金体系であって商品設定ではない」**ということです。

先に伺ったのは、「商品設定」です。これを決めているかどうかが、商売の基本の２つ目ですよと。決まっていますか？…と。

これは士業の先生に限らず、コンサルタントも、ビジネスタレントも、研修の先生も、講演の先生…にも、知的ビジネスに携わる先生全体に言えることですが、批判を恐れずに申し上げれば、実際に決めていることは、「時間を基準とした料金体系」だけではありませんか？ということです。

いかがでしょうか？誤解いただきたくないのですが、これは決して侮辱している話ではありません。気を悪くしないで頂きたいのですが、商品とお考えになっていることと、料金体系を決めていることとの違いこそ重要なのです。

なぜならここに、「コンサルティングビジネスの本質」が隠れているからです。だからこそ、この違いに気づいていただきたいのです。

話す内容と価格の関係性

例えば、前述のような料金体系が決まっていると、「何時間だからいくら」と、金額をスグに算出できるメリットがあります。材料費がいくらで加工賃と外注が何パーセントでと、複雑な計算も必要ありません。

先生業の場合、基本的に仕入れ原価もないことが大半なので、言ってしまえば「自分の人件費が原価」として、後は相場的なものを考えて時間単価を決めれば、後はその掛け算で料金が決まる…とされている人が非常に多いのです。

これはこれで、よく分かる話です。

考え方も提供方法もシンプルなので、よほど高い単価でもつけない限り、商売として通りやすい方法と言えるでしょう。

一方で、次のような場合、あなたはどうお考えになるでしょうか?

・「相談の依頼を受けたが、一般的な基本解説を求められた1時間」
・「自分が長年携わって知っている、商売のキーポイントの解説1時間」

言うまでもなく、どちらも同じ1時間の仕事です。

時間単価の料金体系で考えれば、これはどちらの仕事も当然、同じ金額ということになるはずです。1時間あたり、5万円と決めているなら5万円、10万円なら、10万円となります。当然ですよね？

さて、あなたのお考えはいかがでしょうか？

「時間単価を決めているのだから同じで当然」とお考えになるか、それとも「いや、ちょっとそれはへんだ」と、違うお考えがあるでしょうか？

例えば「後者の1時間の話は、他で聴くことができない話であり、それはあなただけが提供できる話だから、価値が高いハズ。だから価格を上げていいのでは？」などと言われたら、どうでしょうか？

なるほど一理ありそうですね。そうだ！と思った矢先、「同じ人が話をするのに、1時間あたりで料金が違うのは、やっぱり商売としてオカシイでしょう」という声も挙がってきたらどうでしょう。

いやいや、それはそうかもしれないけれど、後者の案件は特別で、100万円払っても聴きたいという人がいるくらい、商売に直結する話だから高くてもいいハズ…なんて話もでてきたら、いかがでしょうか？

ますますヤヤコシイ…ですね？（笑）

Mさんにご説明したときもそうでしたが、「もう訳が分からなくなりそう…」と、よく言われます。料金を変えるのも正しいようですし、やはり同じなのが正しいようにも思えてくるからです。

もちろん、ここで提起しようとしていることは、「これが正しい」…などと決めることではありません。どちらにも理があり、商売として成立している話です。ですからこれはあくまでも「商売上の選択」の話ということです。

ですから、もし片方しか考えたことがない…としたら、これは「もったいない」ということです。

自分のビジネス展開上、様々な可能性の中から、自分の考えに適していて、そして商売上有利な方策を選んだほうがいいことは、これは言うまでもないことでしょう。簡単な話、前者の話と後者の話が、別人の案件であれば、誰もが「そりゃ、値段違って当然」と即答するハズだからです。

何をお伝えしたいかと言えば、**「時間売りの商売は、価値を売ることができていない」**ことが多いということです。

尺度が「自分の実働時間」だからであり、その価値を決定づけているのは、依頼者ということが大半だからです。

もっとハッキリ言えば、依頼者が何を相談してくるのか、この相談内容や依頼内容によって、依頼者側は、「何百万円も何千万円も得する話」を享受しているかもしれないということです。どう先生を使うかは、あくまでも依頼者の自由だからです。

一方で、言葉は悪いですが、「誰でも説明できるような基礎的な内容説明」が依頼であれば、この逆が起きているかもしれません。

時給単価が5万円であれば、2時間で10万円もしてしまうことになります。内容的には本を流し読みすれば済みそうな話でも、やはり10万円なのです。しかし、時給単価人によっては「1万円でも高い」と思うような内容であってもです。時給単価での正当な料金体系に則っているのです。

100万円でも安い話と、1万円でも高い話。違う人が話せば価格も違って当然なのに、同じ人がやれば、一体どうすればいいのかと悩んでしまうような話。

お分かりいただけるでしょうか、これがこの「知的ビジネス」における商売の不思議さであり、難しいところ…なのです。

商品にするということの本質

先ほど、「商品設定」ができていない人が大半…だと申し上げた理由は、まさにここです。同じ人が提供するモノであっても、価値を基準とした商品設定がされていなければ、それは本来、「知的商品の提供とは言えない」からです。

もっと言えば、せっかくの知的ノウハウなのに、もしかしたら「随分安く売ってしまっている可能性がある」ということです。

例えば、一律の時間であれば価格は同じということなら、同じ農家がつくるなら、1年かかって出来上がるフルーツは皆同じ値段ということになります。

いや、種類が違うからと言うなら、大きいイチゴと小さいイチゴではどうですか。同じ価格ですか？　ということです。

考え出したらキリがなく、魚で言えばひたすら「漁にかかった時間」で売ることだったり、コンピュータのシステムも一律「作業時間でいくら」という話になります。飲食店でも5分でつくれるなら料理は全部値段は一緒…ということになります。

ご理解いただきやすいよう、かなり乱暴な表現をしていることはご容赦ください。しかし、これらは商売的にとても不利な考え方ということは、お分かりいただけると思います。「価値を基準とした商品づくりとは大きくかけ離れている」からです。

もちろん、世の中のすべてのものが、時間単価と切り離して価格がつけられている訳ではありません。しかし、多少の関係性はあっても、高い価値のものには高い価格がつけられていても不思議ではないということです。

ここが重要なポイントです。

いかにそうした「切り離し」ができるか…ということです。

先の例で言えば、「１００万円でも安いと思う話」に対して、それをしっかり切り出して商品化したとすると、１００万円にするかどうかは別としても、20万とか50万円の商品として売れる可能性がでてくるのです。

このことを指して「商品設定」と言います。当然、いま話を分かりやすくするために、相当に単純化してお伝えしています。

実際には、顧客設定がされていなければ話になりませんし、どんな内容でどんな手順でといった詳細について、しっかり詰めて決めていなければ、これまた単に、「適当に決めた商品」になってしまいます。

しかし、たとえそうした注意は必要だとしても、先生業の方々が、「労働単価」ではなく、「価値に応じた商品設定」に変えていくことができれば、これまでとは違った商売繁盛を実現していくことが実際に可能になります。

そもそも、この「商品化」には、メリットが他にもたくさんあります。その代表的なものが、「ライバルと差別化できる」という点です。

作業単価、時間単価で売っていれば、どうしても「あの先生よりも高い」など、単純な価格による比較をされてしまいます。

しかし、「こういう内容を提供します」という独自に商品化されたものであれば、直接比較することも難しく、しかもその先生の知識や経験、ノウハウ…と紐づいているため、真似も難しくなります。

商品設定のメリットは絶大です。特にこれをコンサルティングの商品化に使うとき、さらに威力を発揮することになります。

こうして商品設定の話をすると、結構簡単そうに感じられる人が多いと思います。しかし、後述しますが商品設定には手順が必須です。

「ちょっと見て欲しい」と言われて伺ってみても、商品設定がしっかり出来ていた方は残念ながらほとんどいません。出来ているかどうかがなぜ、すぐに分かるのか…と言えば、それは「営業方法の設定」で一発で分かるからです。

どうやって売るのかが定まらない本当の理由

当社にお越しになられる方は実に様々ですが、一定の割合で士業の先生もご相談にいらっしゃいます。

前述のとおり、税理士系の先生の場合は、月額制の収益モデルがあるため、より一層上のステージに上がるためにコンサルティングを使おうとお越しになる方が多いのですが、他の士業の方の場合、まさに案件ごとの労働単価という、時間の切り売りに近い商売をされているケースが多く、この脱出に来られることが多いです。

顕著なのが診断士の先生です。「コンサルタントの国家資格」という謳い文句とは裏腹に、他の士業に多く見られる「法律で定められた独占業務」が無いため、半ば必然的とも言えるくらいに、「仕事＝時間単価」となっているのです。

つまり、言葉は悪いですが、「作業賃による仕事」となっているため、かなり忙しく働いているのに、実入りが少ないというご相談がとても多いのです。

商売の基本として3大要素の設定が重要と申し上げましたが、顧客を決め、商品を決め、中でも営業方法、つまり売り方を決めることは、最も重要となります。ある意味、すべてをひっくり返す力を持っているのが、この「売り方」だからです。

先生業の場合、商品の設定が簡単そうに思えても、現実にはなかなかできないという人が珍しくありません。

特に「営業方法」、このことを真剣に考えるとき、「いくら考えようと思っても、分かるようで分からない」というお声を頂くことが本当に多いのです。

もっと言えば、「そもそも営業をしたくないから資格を取った」という、冗談とも本気とも取りがたい言葉すら出てきたりします。

つまり、「先生になれば、黙っていてもお客さんの方から来てくれるハズ」というのが、多くの人の本音で、「正直、営業なんて考えたことがない」という人がもの凄く多いのです。

これは特に士業の先生に共通する特徴とさえ言えるでしょう。

商売で最も苦労することは何か…と言えば、それは「営業・販売」に違いありません。言葉は悪いですが、営業をしたくないために「下請け」に甘んじている…という企業も、ゴマンとあります。

しかし、それは逆に言えば、

「営業・販売が順調にできさえすれば、商売の9割は上手くいく」

と言うことです。

実際、売上が順調に上がっていれば、企業は安泰です。

逆に、企業の倒産原因のトップは「売上不振」です。これは、売上をつくる行為＝営業・販売が不振になれば、すなわちお金に困り、やがて倒産するということです。

このことは、会社の規模とは関係ありません。大企業であれ中小企業であれ、もっと言えば零細でも一人ビジネスでも、「売上があがっていれば安泰」であり、「売上が上がらなければやっていけない」のです。その根本が営業・販売ということです。

営業はビジネスの生命線です。どれだけ屁理屈を言おうが、顧客を開拓して、売上を上げない限り、絶対にやっていくことはできないのです。

実にシンプルなのですが、この大変な営業を少しでも避けたいため、資格を取れば…とお考えになるのでしょう。この気持ちはよく分かります。

営業が大の得意で、大好きでたまらない…という人は明らかに少数派です。だから少しでも楽にできる方法を、誰もが必死に考えるのです。

資格もその一つでしょう。しかし、やはり現実はそんなには甘くありません。黙っていて勝手に仕事がやってくることなどないのです。

仕方がないので、クライアントや顧問先開拓のために、何か見よう見真似で営業や販促活動に取り組みますが、その方法は前述のとおり「顔を売って」の勉強会やセミナー開催のため、そこから契約につながる確率は極めて低いものになってしまいます。

大変残念なことですが、営業とはある意味単純かつシビアです。

営業とは、「誰に、何を、どう売るか」という導線をつくって活動すること

だからです。もし、これができていなければ、それは単に見よう見まねで動いているだけ、ということです。極めて非効率となってしまうのは、誰にも簡単に分かることです。

当然ですが、「誰に、なにを、どう売るか」は、一対のものです。どれかだけ決まるということは、あり得ませんし、全体を考えていない証拠です。

つまり、「営業のやり方、営業方法の設定が決まらないということは、何を売るのかが明確になっていないという証拠」ということです。「商品設定ができているつもりでも、実際にはできていない」ということです。

その結果はどうなるかと言えば、「できているつもりなのに、どう売っていけばいいのか分からない」ということが起きてきます。実際には、商品設定ができていないがために、売り方も見えていないのです。

とても大事なことですので、あえてもう一度申し上げます。

もし、「正しく商品設定がされている」としたら、「誰のための、どんな商品か」という基本的なことは、絶対に決まっていなければならない、ということです。

そしてこのことが決まっていれば、自ずとそのお客様に、どんなアプローチで、何を訴求すればいいか…も、決まっていて当然ということです。

「商品を設定する…」ということは、こうした一連のことを決めていく、ということに他ならないからです。

実際、この商品設定をを難産しながらもしっかり決めると、営業・販売のしやすさが、格段に変わってきます。

当社にお越しになられた診断士の方は多数いらっしゃいますが、この独自の商品化設定ができたことで、これまで時間当たり数万円、年収にして1千万円に届くかどうか…といった商売だった方が、独自のコンサルティング商品をつくりあげ、知人の経営者にご提案を開始したところ、立て続けに受注獲得に成功して、翌年には年収が2倍以上になった方もいます。

行政書士の先生でも、これまで手続き業務に忙殺されていて、時給単価の商売で悩まれていた方が、当社にお越しになられ、独自の商品をつくったことで、念願のコンサルティング商売にシフトすることができ、年収は2倍どころか、5倍以上に伸ばされている方もいます。

これから詳しくご説明しますが、商品がしっかり設定できると、営業方法が決まることもさることながら、商売の廻し方そのものが大きく変わってくるため、年収や年商のステージが一段も二段も上げていくことが可能になります。

第4章

コンサルタント業にまつわる7つのウソ本当

その思い込みが、成功を遅らせている！

さてここで、コンサルティングを売っていく具体策をご説明する前に、多くの方々から、コンサルタント業に対してよく頂く、「代表的な疑問」について、ご説明しておきたいと思います。

コンサルタント業に対して、ヘンな思い込みを持ったままだと、それこそ無駄な努力をしてしまいます。営業活動にもブレが生じ、迷ったり、無駄な活動を真面目に何年もやってしまう…といったことをやりかねません。さらには、クライアントに対しても誤った指導をしたり、混乱させる説明をしてしまうかもしれません。

実際、「分かっているつもりだった…」と、随分たってから軌道修正された方や、本や雑誌などが出てから「ミスをしてしまった…」と残念がられていた人など、思い込みからの「ボタンの掛け違い」は、枚挙に暇がありません。

先に正しく理解していれば、避けられた失敗が大半だけに、読者の皆さんにも、ぜひ、腰を落ち着かせてご理解いただければと思います。意味のある回り道ならともかく、単なる回り道は、本当にムダですので…。

重要なことは、思い込みとは、「無無意識レベル」でなされていることが多く、それだけ多くの人が自然と導かれるようにハマってしまう、まさに、罠と言うべきようなものが多々あるという点です。

一方で、「それはダメでしょう」と正反対のように思っていることの中に、ぜひやるべき施策があったりもします。

これらの多くは「戦略に起因」していることであり、先生業のゾーンやビジネスのモデルによる違いが根本にあります。ですから、自らの商売の根本を理解していれば、ほぼ間違わずに答えを導きだせることなのですが、残念ながら、最初のうちは、この判断がなかなか難しいのです。

筋道立てて、本当に理解できていれば問題ないのですが、どうしても上辺で判断しがちですし、極めて抽象的な概念の理解を伴うため、ややこしく感じるからです。

ですので、本書では答えはもちろんですが、「なぜそうなのか」という理由も併せて、よく悩みがちな疑問を例示しながら、分かりやすくご説明していきます。

このことにより、ご自分の中にしっかりとした判断軸ができあがれば、今後は迷わずに進めていくことができるでしょう。それでは順にご説明をしていきます。

1　決算書くらいは読めないと…は本当か？

まず最初は「決算書」についてです。「コンサルタントなら、決算書くらい読めなければ話にならない」という言葉を、よく耳にされないでしょうか？　きっと読者の皆さんも、そんな言葉を聞かれたことが、少なからずあると思います。本書の冒頭でも少し触れましたが、これに対する答えは実にシンプルです。

「決算書が要るコンサルタントと、決算書など不要のコンサルタントがいる」

ただこれだけです。

えっ、それだけ？と声が聞こえてきそうですが、本当にこれだけです。

たったこれだけのことなのですが、およそ人間は、自分のやっていること、自分の置かれている場所が、「世の中の中心」でなければ納得いかない…という人が大勢いるのです。正当化をしたいために、決算書を使う人たちは、「決算書が読めないなんて、コンサルタントとして話にならない」と声高に言います。

一方、売ってナンボとか、決算書に関係がないことで経営指導している側の立場の人は、「そんなの要らないでしょ！」と言うだけの話です。

要するに、自分のコンサルティングにおいて、本当に「決算書」が必要なのかどうか…、この視点だけで考えればいい、ということです。

本当に必要かどうか…と、あえて言っているのは、例えば、決算書必要派の人の中にも、「コンサルティングで本当に、決算書が必要ですか?」と問うてみると、まともな答えが返ってこないケースも少なくないからです。

突っ込んで聞いてみると、「決算書を見てみないと会社の状態がわからないから…」の一点張りだったりするのですが、「では、何が分かりましたか?」とさらに突っ込んでみると、不機嫌になるか無口になる人が少なくないのです。

そもそも、本書で提示しているように、コンサルティングとは「仕組みをつくる」ことであり、もし決算書を見た後、「分析とアドバイス」に終始するようであれば、呼び名としてコンサルティングを使うのは勝手でも、それは本質的には、「コンサルティングではない」と言わざるをえません。分析とアドバイスは、文字通り、「分析」や、「アドバイス」の仕事だからです。

自分のコンサルティングの遂行上、本当に必要だと判断できるなら「決算書」が読めるようになることですし、関係がないのなら後回しでなんら問題ありません。

実際、当社のコンサルティングにおいては「決算書」を一切必要としません。ご本人のこれまでに培われてきた経験や知識、ノウハウ…といったものを、どうすればコンサルティングビジネスとして上手く展開できるようになるか…、その仕組みを構築するお手伝いが当社の仕事だからです。

当然ですが、ここには決算書を使う理由がないため、「不要」なのです。そして、企業から「コンサルティング事業部の立ち上げ」や、「コンサルティング事業の業績アップ」などでご依頼を受けることがありますが、こちらについても同様に、「決算書は不要」です。やはり、使う理由がないからです。

同じように、ご自分の指導内容において、「使う理由がない」のであれば決算書は不要です。実に単純ですね。

一点押さえておくべきことは、「決算書」には、未来は書かれていないという事実です。どんなに分析しても、そこには「過去の実績」しか記されていません。

「過去からの流れや傾向値が判る…」という人もいます。もちろん、業績の推移やどんな内容だったかは見れば分かります。

また、バランスシートには、おカネが物に変って寝ていたり、不動産や設備になっていたりと、おカネを効率よく稼ぐ状態になっているかどうかも見えてきます。これらが何を示しているか…と言えば、

「過去の経営は、果たして上手くできていたかどうか？」

ということです。

そして、これが上手く行っていない場合、またはそうした兆候が見て取れた場合、修正すべきところに手を打つ…というのが、いわゆる「経営が芳しくない時に見てもらうコンサルティング」や、「傾いたときに頼むコンサルティング」ということであり、その典型例が「事業再生」という訳です。

ですから、「経営コンサルタントになるのなら、決算書は読めなくては…」という言葉は、事業再生系のコンサルタントや財務コンサルタント、この他「資格」に絡んで何か必要性がある人…とお考え下さい。

その他の方においては、特に必要性がなければ不要ということです。特に、自分の仕事上の経験や知識、ノウハウを活かしてコンサルタントとして活躍したいと考える人にとっては、その具体的な中身こそが、最も重要ということです。

2、本を書けば売れるようになる…は本当か？

これも本当によく訊かれる質問の一つです。逆に言えば、それだけ本には興味と関心があり、強い魅力がある…ということでしょう。

実際、私自身もこうして本を書いているくらいですので、本が持つ力や魅力についてはよく分かっているつもりです。

前職では、経営者向けの書籍の企画編集の仕事に携わっていたということもあり、本については著者の視点だけではなく、売り手の視点、しかも著者を売り出していく「プロモーターとしての視点」で仕事をしてきたことも、大きな理由になっています。

そういう意味では、「本には力があるか？」と聞かれれば、これは間違いなく、「ＹＥＳ」と答えます。

もちろん、「ちゃんとした本」という大前提あっての話ですが、書籍には様々な「特別な力」があります。大きなものを挙げるだけでも、

・知名度の向上
・先生や著者としての一つ上位の立場を獲得
・自分の代わりに24時間、３６５日、働いてくれる

・難しい内容や説明が困難な内容でも、理解してもらいやすくなる
・複数冊の展開により、独自のポジションを確立できる
・仕事につながる仕組みを構築しやすくなる

といったものがあります。

細かいものを挙げれば、まだまだありますが、代表的なものだけでも大変魅力的だと思います。

これらは、本を出されたことがある方なら、ある程度ご納得いただけると思いますが、重要なことが一つあります。それは、

これらの「特別な力」は、本単体ではそれほど力を発揮しない

という点です。

本書は、「出版戦略」の専門書ではありませんので、最も重要なポイントだけを端的にご説明しますが、「コンサルタントにとって本とは、販促ツールに他ならない」、ということを理解しているかどうか…ということです。

この点については、正しくご理解いただくのが本当に難しい部分です。なぜ難しいかと言えば、「販促ツール」ですよ、と申し上げると、ほぼ間違いなく全員が「そんなこと分かっている」と二つ返事をするからです。

ややこしいのは、まさにこの点です。「販促ツール」だと分かっているのであれば、なぜ常識では考えられないことを平気でやろうとするのか？　ということです。

例えば、販促チラシに、お店が扱っている商品やサービスのことを掲載せずに、何か違う商品の案内や、商品とは関係のない店長や社長の個人的な自慢話をゴリゴリ掲載するとしたらどうでしょうか。

もっと言えば、販促チラシを撒いた後に、なぜパーティーが必要なのか…ということです。当然ながら、理由を明確に説明出来る人はほとんどいません。

説明できないのも無理はありません。別の理由がそこに隠れているからです。しかし、この別の理由を言うのはどうにも憚られるため、少し恰好をつけて、四の五の変な理由を言ったりするのです。

しかし、本当の理由をハッキリ言えば、「スポットライトを浴びたい」「有名になりたい」「主役になりたい」気持ちがむくむくと…。ですから、どうしても理由をつけてやりたいのです。違いますか？（笑）

素直にこの言葉を使うのなら、これはこれで話が早いですし、むしろ盛大にすればいいのにと思うのですが、どうもこのエゴイスティックな感情をストレートに表現するのは、さすがに恥ずかしいのか、「いや、そんなことは考えていない」とか「めっそうもない」と手を横に振ったりするから話がややこしいのです。

端的に言えば、講演業やビジネスタレントのような仕事の場合、本人のキャラクターで売っているため、この「個人性」が売り物であり、その露出はウリにつながります。いわゆる講演依頼がそのまま仕事ですから、自分を売るための販促として本が使われて当然であり、何も問題ないのです。

このことと、コンサルタントが販促ツールとして本を出す…ということとは、似ているようでまるで違う話です。コンサルタントの場合、先にお伝えしたように、「コンサルティング」がお仕事であり、そこにビジネスの本領があります。

講演依頼を受けたとしても、そこからコンサルティングの受注がなければ、単なる「お話をした」だけで終わってしまい、コンサルタントの仕事をすることはできません。正直な話、意味がないのです。

つまり、本気でビジネスベースで販促ツールを使うとしたら、有名になるとか、著者仲間になるとか、ブランディングが…といったことなど二の次で、まず仕事につながるかどうか…こそ重要ということです。

そのためには、「自分のコンサルティングの商売の仕組みが一通り確立している」ということが極めて重要ということです。お店があって商売していてはじめて、チラシを撒くのと一緒です。

まともに商売を回せていないお店がチラシを撒いても、混乱をきたしてクレームを多発させるかしかありません。

しかも、じっくり時間をかけてつくりだした「自慢の一品」など当然ないので、値段や特典で釣るチラシしかつくれず、それ欲しさに来た人はお店に二度と来ないというオマケつきです。

華々しい?オープンの行事がむなしくなるのは、まさに出版パーティーと同じと言えば語弊があるかもしれませんが、基本的な面で言えば「ほとんど同じ」と言って差し支えないでしょう。

難しいのは、こうしたことを分かっているつもりでも、周囲や出版社は「有名になれば売れるよ」と耳元でささやいてくる…という点です。

周囲にいる人は、およそコンサルティングの商売の本質を理解している人が極めて少ないのが理由です。

違いが分からないため、自分のキャラを売って有名になれば仕事になると、およそ芸人やタレントと同一視した売り方を、盛んにけしかけてきたりします。彼らに合っていても、違うビジネスのモデルでは、むしろ逆効果になるということを、知っていなければならないのです。

出版社ならびに、出版に携わる人たちも、基本的に要注意です。これまた理由は単純で、「数を売らなければ儲からない」からです。

全員と言っていいほどこれらの人に共通するのは、「**売上数量に比例してお金を得る**」ということです。このため、数がでなければ儲けにならないため、読者対象が絞られる内容の本には、基本的に否定的です。

「社長向けだと対象者が少ないから売れる本にならない。ビジネスマン向けでないと…」といったものが、その典型例です。

他にも、「事業戦略みたいな難しいのではなく、マーケティングの基本や入門的なやさしい本でないと…」とか、「他で売れている実績のあるテーマでないと…」といった、あからさまに「柳の下のドジョウ」をけしかけるケースもあります。

独自性のコンサルティング、もっと言えば、自分がこれまでに培ってきた知識や経験、ノウハウなどを活かしてコンサルタントになって活躍しようと考えるのに、なぜ他の人のマネをしなくてはならないのか、疑問しか感じられないのですが、これも「数を売る」とか、「当てにいく」といった思考回路がそうさせる訳です。

あまり書いていると、本書も出版してもらえなくなりそうなので、ほとほどにしておきますが、申し付け加えておくべきことがあります。

それは、こうしたことをお伝えしていると、「出版業界に対して否定的」と思われがちですが、双方の利益、プラスになる進め方…というものが当然あるということです。

それこそが、コンサルタントが自分の商売の仕組みを確立させた上で、必要な本をしっかりつくって出していく…というものです。

先の「特別な力」の3つ目以降は、実際には本物のコンサルタント業を展開している人にだけ与えられる力です。

理解が困難な内容だからこそ書籍が繰り返し代弁してくれる意味がある訳ですし、仕組みが構築されているからこそ、必要とする人が近寄って切れくれる訳です。

そういう意味で、書籍は、コンサルタントビジネスを大いに展開していくために、本当に重要なツールということは間違いないでしょう。

3、資格があれば仕事がとれる…は本当か？

資格に関しても、よくご質問をいただきます。「コンサルタント業に資格が必要かどうか」といったものがその代表例です。

本書の読者であればもうお分かりのとおり、必要性で言えば「不要」です。よほど何か特殊な専門分野でもない限り、資格が必須ということはありません。

さて、商売上の必要性はともかくとして、問題は「資格を取れば仕事が取れるか？」という点です。

当社にも、「ゴトウさん、資格がある方が仕事が来やすいと思うので、取ってみようかと思うのですが…」といったご質問のような、背中を押してもらいたいのか、分かりかねるご相談を、たまにいただきます。

この手のお話のとき、いつも同じように、

「取っても名刺やウェブに出さないならいいと思いますよ」

とニッコリ笑ってお答えしています。

すると、面白いくらいに「えっ、それだと取る意味がないじゃないですか！」といったワンパターンの反応が返ってきます。いやいや、本当にワンパターンなのには、こちらも驚かされるくらいです。もちろん、単に面白半分で申し上げている訳では決してありません。理由がちゃんとあります。それは、

「資格を表に出せば出すほど、自分の独自性が失われる」

からです。当然、独自のコンサルティングの展開も難しくなってしまいます。

この理由をお伝えして、「なるほど…」とご理解される方ばかりだと、話は簡単なのですが、かなりの確率で「いや、でも、資格がある方が信用してもらえると思うので…」といった反論をされてきます。

大事なことなので、現実的なことを申し上げます。

どんなクライアントと契約して、どんな仕事をするのか、これは言うまでもなく、そのコンサルタントの自由です。ですから、ご自分が、「本当に資格取得が有利と考えるのであれば取って使えばいい」だけの話です。

何も難しい話ではありません。実にシンプルですし、ビジネスにおいても当然の考え方と言えるでしょう。

不思議というか、面白いのは、「自分の心の弱さを隠して、他人に肯定してもらいたい、後押ししてもらいたい…」というのがすすけている人ほど、必死になって「説得を試みてくる」からややこしいのです。いわく、

「いや、私がしたいのは○○で、だから資格が必要で…」、
「公的な仕事というのは、やはり資格がないと不利で…」、
「資格があれば初対面でも信用してもらえるので、やはり取っていたほうが…」

といったものです。

断っておきますが、資格については「取ってはダメ」などとは、当社では一度たりとも言ったことはありません。

ですから「必要があれば取ればいい」だけの話であり、そのことについて、どう考えるのか、どういう判断なのか…を訊かれたら、前述のとおり率直にお伝えしているだけの話、ということです。

つまり、「資格の必要性をこちらに説得することは無意味」なのですが、自分の心にひっかかるものがあるため、どうしても「肯定されたい、背中を押してもらいたい」というこ

との現れと言えるでしょう。

その心理状況を端的に申し上げれば、「**他者の信用を起点に、自分の信用をつくりたい**」ということです。

要は「強いところにあやかりたい」とか「ぶら下がりたい」という気持ちが出ている…ということです。

もちろん、痛いほど気持ちは分かります。独立起業したての時は、誰でも信用などほとんどないため、何かにすがりたい思いがでてくるのは、ある意味、自然のことと言えるでしょう。

ではなぜ、コンサルタントが資格を「表にださないほうがいい」と申しあげているかと言えば、「色がついてしまう」からです。

例えば、税理士であれば「税理士の鈴木さん」とか、診断士であれば「診断士の佐藤さん」といった、本人が持つ特徴や強みではなく、「資格が持つ看板力」によって、他人に記憶されてしまうことが起きます。

これは、ご本人がどう考えているかはともかく、人は基本的に、「一つの紐づけでしか記憶しない」という原則があるからです。

よほど接触が増して、その後に様々な情報を紐づけしていくことはあっても、最初はやはり「一つの紐づけ」しかしないのです。

ですから、同時に２つも３つも情報を出すと、混乱することになります。混乱ならいいですが、「怪しい」という印象を与えることになってしまいます。初対面で名刺を２つも３つも出してきた人いませんか？　その人の印象はどうでしたか？　そして、２つの仕事のことをちゃんと記憶していますか？

こういうと叱られそうですが、「**人は、たった一つのことでさえ、記憶するのを面倒くさがる生き物**」だということを、忘れないことです。

自分勝手に色々な情報を出して、全部記憶してもらおうなんて虫のいいことを考えれば、「何一つ覚えてもらっていない」ということになりかねません。

そして、たった一つ覚えてもらったとして、それが、「その他大勢と同じカテゴリー名」だとしたら、自分の本来の強みを覚えてもらうことが困難になることは、もう言うまでもないことでしょう。

そのとき来る仕事は、当然、その他大勢と同じ仕事です。そういう意味で、表に出さない方が、あなたの独自性で勝負できる…ということなのです。

4、売れると全国を飛びまわる…は本当か？

活躍している人は全国を飛び回っている…という話、これもよく聞くことの一つと思います。経営者でも、知識人でも、専門家でも、さらに芸能人でもビジネスタレント…でも、忙しい人ほど全国を駆け巡っている印象が強いと思います。

このためか、「自分はコンサルタントになっても、毎日枕が変わる生活は辛いのですが…」と、コンサルタントになる前から不安を口にされた人も…。

ずいぶん気の早い…とも思ったものですが、現実問題、「売れると飛び回らなくてはならない」というのが必須だとしたら、事前に考えてしまう人も少なくないでしょう。どうもそういうのは苦手、という人もいるハズだからです。

なにを隠そう、私自身それほど出張は好きではありません。旅行でどこか遠方に行くのは楽しいですが、毎日のように飛行機や新幹線に乗ってホテルを転々と…という仕事をしなくてはならない…とすれば、そういうやり方は避けたいのです。

重要なことは、自分で商売をするのですから、「長くできるスタイル」でなければ無理が生じて、途中で必ず支障をきたしてしまう…ということです。

このことは極めて重要なのですが、一方で、「だから自分はやりたいことだけやる」とあからさまに「自分流？」という名の自分勝手で、押し通そうとする人がいます。

もちろん、それで上手くいけば何も問題ありませんが、商売やビジネスにおいてそれができるかどうか…については、一つ覚えておくべきことがあります。それは、

「自分の商売において、生殺与奪権を他人に握らせない」


ことです。

自分がやっている商売なんだから、自分が全権を握っている…と思っている人が多いのですが、これは会社の株式の話をしている訳でもなければ、人に任せるとかそういう話でもありません。

本書の読者の方は、基本的に一人で先生業をされている人や、これから自分の経歴を活かしてコンサルタントを始めようと考えている人のハズなので、そうした意味では、皆が全権をお持ちになっていると思います。

では何が言いたいかと言えば、ズバリ「営業」「販売」についてです。

現実的な話をすれば、ビジネスにおいて最も重要なことは「営業・販売」に尽きます。

売上があがらなければ、会社は必ず傾いていき、やがて息絶えるしかないからです。

このへんについては、何か「良い仕事をしてれば、徐々にお客さんが増える…」といった、ほとんどメルヘンチック的な「ふわっとした」感覚の人が結構、少なくないのですが、世の中そんな甘いものではありません。

営業努力、販売努力なきところに、顧客が増えることは絶対にありません。商売の鉄則だけに、こんなことは当たり前なのですが、先生業の関係者においては、残念なくらいに何か勘違いしている人が多いのです。

勘違いしているとどうなるかと言えば、ただ単に「やっていけなくなる」という、血も涙もないことが起きます。会社で言えば倒産です。個人事業で言えば銀行口座におカネがなくなり、家賃も電気代も払えないということが起きます。

当然、食べるのにも苦労するようになり、職探しをしなければならなくなります。まさに「考えたくない現実」がやってきます。

世の中、良い面もあれば、必ず悪い面もあります。ですから「自由にできる」や「好き勝手できる」ということがあれば、その逆に「何の保証もない」という厳しい面も、必ずセットになっている…ということを忘れてはならないのです。

そういう意味でも、「ビジネスは、営業・販売とセット」なのです。切っても切れない関係であり、これを忘れた瞬間に、確実に「終わりに近づく」のです。

この前提に立つとき、営業・販売を、他者に委ねるとしたら、どうなるのか…ということです。セットのものを切り離すというのですから、誰でも「それは危険」と分かりそうなものです。営業・販売は、ビジネスの生命線です。これをもし委ねてしまえば、何が起きるかと言えば、

「その他者が、あなたを売らなくなった時、あなたの商売は終わる」


ということです。

あなたの努力とは無関係です。委ねたあなたの責任です。

逆に言えば、自分で自分の商売の営業・販売をしっかり握っていれば、何も怖がる必要はない…ということです。

あなたがもし「地方に行くのはイヤ」とか、「こういうクライアントがいい」、「条件面でこういう会社だけを相手にしたい」といった様々な希望がどれだけあっても構いません。それを満たす営業や販売の仕組みを、自らの手で構築して握っていれば、なんら恐れることなく、そして問題なく実現可能となります。

事実、当社にお越しになり、コンサルタントとして花を咲かせた方の中には、全国から

自分の事務所に来ていただくスタイルを確立させている方もいます。

自分のビジネスの生殺与奪権を自分が握っていれば、あとはまさに「好きなようにやる」ことができる…という話です。

飛び回るのが好きであれば飛び回ればよく、そうでなければ、自分に都合のよいスタイルをつくりだせばよいのです。

しかし、芸能事務所がごとく、仕事をエージェントが取ってきて、それを振られて仕事をするのがほとんどだとしたら、これは営業を他者に委ねているだけに、知名度とは裏腹に「生殺与奪権をにぎられている」ということになってしまいます。

このため、言葉は悪いですが「あそこに行け」と言われれば、答えは「行くしかない」のです。なぜなら、嫌なら仕事を回さない…と言われれば、それまでだからです。選択の自由を、実は、持っていないのです。

このとき、飛び回るのが好きならまだマシですが、もし「飛び回らされる」としたら、もう本当に大変になってしまいます。

少なくとも言えることは「どちらでも選べるほうが断然、有利」ということです。これを前提に、当社ではコンサルティングを組み立て、アドバイスをしています。

5、最初は無料でやったほうがいい…は本当か？

コンサルタントとして商売を始めていくとき、スタート時に悩むことの一つに、「コンサルティング料金をどうするか？」というのがあります。実際、よくいただく、ご質問の一つです。

もちろん誰でも「おカネをもらいたい」と思っているハズです。口ではなんと言おうとも、それを商売として始める訳ですから、おカネをもらえないのであれば、当然やっていくことはできません。

ですから「それなりな料金」をいただければ…と思っているのですが、なにせ「仕事が簡単にはとれない」から悩みが深まる訳です。

結論から言えば、「無料で仕事をしてはならない」というのが当社の考えです。理由は単純で、「無料だから」という言葉を使うとき、そこには「単なる甘え」しかありえないからです。

考えてみて欲しいのですが、自分自身が「無料だから…」を営業上使うとしたら、その人の思考回路は「安くすれば売れる」と考えていると断定できます。

いや、そんなことは…と、否定するなら「では、値段つけて売ればいいでしょう？」の言葉で瞬殺です。

難しく議論するまでもなく、「**無料を言う人は、値段を付けて売る智恵も努力もない**」という、ただそれだけのことです。

ではなぜ、それが問題かと言えば、何かしら商売繁盛のお手伝いをするコンサルタントその本人が、「無料とか安売り」するくらいにしか方策を持たないとしたら、その能力には疑問を持たざるをえないからです。

我々は、何か作業して、その対価を得る仕事ではないのです。

言ってみれば、クライアントに対して知恵やアイデアを元にした無形ノウハウを提供している訳ですから、「知恵がない」という人に誰がコンサルティングを頼むのか…ということです。どのみちやっていけない、ということです。

「無料でやって実績を積んで…」という考え方をする人がいますが、社会に出て仕事をする実績が圧倒的に不足している人ならこの話は分かります。

しかし、会社で10年や、現場で15年…など、しっかり仕事をしてきた人であれば、むしろ「おカネをいただくために自分が何をしなければならないのか」ということを真剣に考えるべきでしょう。

ハッキリ言えることは、「**無料は、仕事ではない**」ということです。しかし、このことを申し上げても、「そんなことはない、実績作りのためには…」とか、「無料でも仕事になっているものが…」など、妙な抵抗をする人がいます。

こうした人のために分かりやすく申し上げれば、次のようになります。

資格など、もともと他者による信用の起点がある必要性の仕事の場合、無料という値段の安さをきっかけにして顧客開拓することは可能だが、そもそも独自性を売り物にしているコンサルティングの場合、元々の需要などなく、欲しくなければ一円でも売れない。

ということです。

税理士や社労士の先生の場合、需要が元々存在しているため、利用者側には「やすければ都合がいい」という考えがそこにある訳です。このため、安さを武器に「きっかけ」をつくる手法は、ある意味有効なのです。

しかし、独自性のコンサルティングを売る場合、そこには元々の需要というのは存在していません。興味も関心も、もっと言えば、「意味も分かってもらえない」かもしれません。安いから利用するかと言えば、「要らない」のです。

特にビジネスの場合、合理性が必要ですから、使う理由がなければ一円でも払いたくないのが「経営判断」です。

つまり、値段の安さをアピールすることではなく、使うメリットや良さを伝えられなければ独自性のコンサルティングは売れていかない、ということです。そしてこのこと自体が、クライアント指導に対しても活きてくることになるのです。知恵とアイデア、そして努力が宿るからです。

当社では、「どうやって売っていくか」ということを必ず基本に考えて、コンサルティングの組み立ても行っていきます。

そうしなければ、せっかく積み重ねてきた、ご自分の知識や経験、ノウハウといったものを、タダ同然で売ることになってしまうからです。

そんなことをしてしまえば、当然、自分の経歴を活かした独自性のコンサルティングを花開かせることなど、できなくなってしまいます。

言葉は悪いですが、学校の授業ではないのです。何かを覚えてそれを教えればいい…という世界ではなく、あくまでも自分の人生を活かしたビジネスを展開していく…ということを本気で考えるとき、そこに「無料提供という名の無策」は決してあり得ない…ということです。

6、紹介は多いほうがいい…は本当か？

「私は、クライアントは紹介でいただくことが大半なんですよ…」と、話される人がいます。また、そうした話を聞かれたのか、「先生、紹介を増やすにはどうすればいいですか？」と、尋ねてこられる人もいます。

では、紹介は多いほうがいいのでしょうか？

これも結論から申し上げれば「紹介は多くていい」とお答えしています。ただし、条件があります。次のことをクリアーしているかどうかです。

・「自己開拓クライアントの比率が、50％以上確保できていること」

というものです。

少し意味が分かりづらいかもしれませんので補足すると、自分が用意した営業の仕組みがあり、そこからご契約になったクライアントの比率が5割以上をキープできているかどうか…ということです。

要は、先に申し上げた「生殺与奪権」を、自分が握っているかどうか…という話とつながっている訳です。

「紹介」というと、仕事の良さを評価されているからこそ、紹介をいただける訳ですから、とても素晴らしいことに違いありません。これについては、まったく異論なく、その通りと申し上げます。

しかし、注意すべきは、紹介一辺倒に意識が行ってしまうことです。

自分はそうならない…と言われる人も多いかもしれませんが、どうも人間は楽な方に行きたがる傾向は否めません。営業活動をしなくてもお客さんが得られるとしたら、「その方がいい」と、どんどん偏っていってしまうのです。

これは推測で言っているのではなく、過去に多くの先生方と仕事をご一緒してきた経緯があり、そうした方々の思考がどう変わっていったか…を申し上げています。

ハッキリ言えば、お年を召した先生ほど、その傾向は顕著です。営業活動を続けるのが、正直辛いのでしょう。

お気持ちはよく分かります。楽な営業活動など、なかなかあり得ませんし、できることなら避けたい…。しかし、この楽に逃げていくにも、越えてはならない境界線があるということです。それが5割のラインなのです。

5割を越えてしまうと、事実上「紹介客頼み」になってしまいます。つまり、クライアントを紹介してくれていた人が、何かのきっかけで、紹介をしてくれなくなったらどうなるのか…ということです。

人間誰しも、嫌なことはあまり考えたくないもので、「紹介が多い」と言っていた人でも、よくよく考えてみたら「ほんの数人からの紹介が大半」というケースが多かったりします。この「ほんの数人」が何かのきっかけで紹介するのを止めたら、そこから生まれてきていた売上が消えるということです。

きっかけ…とは、トラブルもあるでしょうし、単純に年配の方で、徐々に現役引退なので…というケースもあります。事故や引っ越ししたため…といった例も聞いたことがあります。

いずれにしろ、自分がコントロールできないことで、顧客開拓が止まり、そして売上が消えることには違いありません。これは経営的に言えば「自社の売上利益の源泉を、他人に委ねていた」ということに他ならない訳です。

こういう状態になっているのを、どこかの経営者が「困った…」と言っていたら、皆さんはどう思われるでしょうか？　そんな他人依存の経営をしているほうが…と、まともな商売人や、ましてコンサルタントであれば考えて当然ということです。

だからこそ、「紹介が多いことはいいことだが5割まで」を徹底しておくことが重要ということです。

そしてもう一点、「紹介」には注意すべきことがあります。それは、

・「紹介クライアントは、基本的に紹介をしてくれた人の方を信用している」

ということです。

紹介を受けたのだから、「自分が信用されている」と、よく勘違いしている人が多いのですが、現実はそうではありません。

これは冷静に考えてみればスグに分かることです。紹介をしてくれた人と、紹介でやってきたクライアントは、仲が良かったり昔から知り合いの可能性が高いものです。そうした関係性があるからこそ、紹介してくれている訳です。

そのことを考えれば、紹介をしてくれた人の信用を越えるのは、最初の内は意外と大変ということを理解していなければなりません。

つまり、コンサルティング中に何かトラブルが起きたらどうなるか。トラブルというほどでもなくても、小さなつまづきがあったとき、どうなるか。信じて動いてもらわなければならないのに、自分のことを信用してくれずにコンサルティングが中断したり、思わぬ方向に行ってしまったり…ということが起きてしまうのです。

これは、数多くのコンサルティングを経験されてきた人なら、ご理解いただけることですが、「上手く行かなかったコンサルティングがあったとき、紹介客からのケースが多い」というのは、多くのコンサルタントに共通する事実です。

コンサルティングには、「信じて進んでもらわなければならないこと」という局面が、結構あるものです。

このとき、半信半疑だったり、紹介者がよく分かっていなかったりして「それ大丈夫？」などと疑問を呈したりすれば、紹介された客は、コンサルタントのことを信じ切っていないだけに、及び腰になってしまう訳です。

こうなると、上手くいくものも上手く行かなくなってしまいます。よくも悪くも、クライアント自身、「自分でコンサルタントを選択した」という依頼の形になっていないと、成功確率も下がってしまう…ということなのです。

こうしたこともあって、コンサルタントの方々には、常々、「自分でクライアントを開拓できる仕組みをつくってください」と申し上げています。

コンサルタントとしての成功確率をあげるためにも、そして永く続けられるためにも、自己開拓の仕組みは必須なのです。

7、講演を増やせば仕事が増える…は、本当か？

売れるコンサルタントになるためには、本を出して講演して…という、定番とも言える活動方法がよく言われます。本については前述したとおりなのですが、では「講演」についてはどうでしょうか？

ちなみに、世の中には「講演講師」とか「講演家」と呼ばれる方々がいます。もっぱら、講演を仕事として生計を立てている先生方です。

この方々は、「講演をすること」が、仕事となります。言われなくても分かっている…と声が聞こえてきそうですが、ここのところをよく理解していないと、実態と肩書に惑わされて、自分がやるべきことが分からなくなってしまいます。

つまり、実態として講演を仕事としている人を理解するには、肩書はどうでもいいのです。肩書上コンサルタントを名乗っていたとしても、それはやはり講演家であり、講演業と理解すべきということです。

では、コンサルタント業はどうか…と言えば、コンサルティングをするのが仕事ですから、講演はあくまでも「営業活動の一環」ということです。

ここが判っていないと「講演をたくさんすることが良いことだ」と、思いっきり勘違いする人が続出してしまうのです。

分かりやすく言えば、

コンサルティングにつながる講演テーマで登壇する

のであれば、これは営業活動に違いありません。

本のところでもご説明したとおり、一定の確率で仕事につながっていくことが見込めるからです。

問題は、「これは時のテーマでウケがいい」といった単に集客だけを考えている場合や、エージェントやセミナー会社から、「この内容で話してもらえないか？」と、自分のテーマとは無関係の話を持ち掛けられた時です。

自分のコンサルティングのテーマと関係性が低いとか、ほとんど無関係の内容であれば、これはハッキリ言えば、趣味で話しているのと同じです。仕事につながる理屈がなければ、誰がどう言おうが趣味だからです。

本来、ビジネスで考えれば、ムダなことはするはずがないのですが、ここでも「人前で話しをする」という、自尊心や虚栄心が、ムクムクっとでてくるから判断が狂い始めるのです。そうスポットライトを浴びれるのがたまらないのです。

ちなみに、いま「趣味で」と申し上げましたが、実際には、単純な趣味なら被害はありませんが、中途半端に仕事に絡んでいるだけに、よりひどい結果がやってきます。それは、「**話せば話すほどマイナスになっていく**」、という恐ろしい現実です。「自分が強みとする主たるテーマがぶれていく」からです。

このことを申し上げると、ここでも、「いや、そんなことは起きないでしょう」と、驚くべき確率で「言い訳」をああでもないこうでもない…と言ってくる人が多いのですが、別段、脅すつもりで変なことを言っている訳ではありません。

自分のことだと、ついつい都合のいい解釈をする人が多いのですが、他人のことで考えれば、こんなことは一瞬で分かる話です。

本でも講演でも、次から次にテーマを変えてやっている人がいたら、あなたはどう思いますか、というただそれだけの話です。

経済ジャーナリストだとか、ビジネス評論家だというなら、さまざまなテーマで本や講演をしていてもおかしくはないでしょう。それでも、ビジネスのテーマでなければ、やはり違和感がでてきます。

これがもし、これまでの経歴を活かして「〇〇コンサルタント」として出てきた人であればどうなるか。コンサルタントとしてのテーマと無関係の、いわゆる時事ネタで、コロコロ内容を変えて講演をやっているとしたら、どう思うかということです。

多くの人は、まずこう思うでしょう「何でも屋」だと。専門性はなく、時のテーマをさらっと上辺だけしゃべる人と思うはずです。

ちなみに経営者であれば、実際におカネを払って依頼する側だけに、専門性を感じられない人には、「この人には講演は頼めても、コンサルティングは頼めない」と即効で判断します。

余りにも当然の判断です。会社の未来が掛かってくるのですから、プロのコンサルタントでなければ、頼めるはずがありません。

自分が、これまでの経験を活かして…を本気で考えるなら、やるべきことは実にシンプルということです。


いかがでしょう、コンサルタント業にまつわる、よくある疑問に対して、ご説明をしましたが、これらは全て、大元が分かっていないと間違った判断をしかねないものばかりです。ぜひ理解を深め、軸をしっかり定めて自分のコンサルタントビジネスを築いていっていただきたいと思います。

次章からは、その最も中心的な部分となる、コンサルティングのお金への換え方について、具体的にご説明をしていきます。

第5章

知識・経験・ノウハウ…を大きなお金に換える具体戦略

1、知識をお金に換える根本原理

物知り博士は本当のところ、なぜありがたいのか？

さて、コンサルティングをどう売っていくか、ですが、ところで、あなたの周りに、色々なことに詳しい「物知り博士」のような人が、一人や二人はいませんか？

分からないことがあって聞いてみると、「それは○○だから、こうしたほうがいい…」とか、なぜそうなるのか？　などを訊いても、「それは、□□の理屈があって…」といった詳しい解説が返ってきたりと、とても重宝する人。

大変ありがたい人です。こういう人が身近にいてくれると、何かと助かるに違いありません。身の周りのことはもちろんですが、ビジネスにおいてだと、そのありがたさは更に大きく感じるに違いありません。

仕事だと待ったなしの場合も多いですし、お客さんが絡んできたり、税金が絡んできたりしますから、ササっと教えてくれる人がいれば、本当に助かるでしょう。皆さん頷かれると思います。

ではどうして「ビジネスにおいてだと、より一層重宝するのでしょうか？」これも簡単ですよね？ 商売や仕事に直結していて、困ったことを解決することができるから…だと思います。

しかし、このことは極めて重要なことを示唆しています。なぜなら、

ビジネスに直結＝お金に絡んでいる
教えてもらえる＝金銭的に得する

という構図になっているからです。

そうですよね？ 嫌な感じと言う人もいますが、これは事実です。

ビジネスのことを訊いて、広告の反応が良くなったり、クライアントが開拓できたり、1日かかっていたのが半日でできるようになったり、本が出せたり雑誌に掲載されたり、登壇で人を魅きつけられるようになったり…すれば、自分の収入につながる可能性が非常に高いハズです。

これは何も現在商売をしている人や、自営業の人だけの話ではありません。お勤めの人でも、その仕事をこなすことができれば、能力があがって給料が増えていく可能性は高いハズです。

少なくとも、新入社員から徐々に給料が上がってきた大きな理由の一つは、「仕事の能力が上がった」からでしょう。仕事の能力が何も変わっていないのに、給料だけ上がるということは、まず考えられないことです。

だから、知識やノウハウも含め、自分の能力を高めようと学んだり、努力したりするのは、これは言ってしまえば給料のアップを期待しての行動のハズです。誰でも給料が増えることは嬉しいことだからです。

会社側でも同じです。優れた会社が社員教育に熱心な理由の一つに、社員の能力アップが事業全体の底上げになることを知っているからです。

教育投資は大きなリターン、つまり業績向上となって得られると分かっているのです。これは語弊を恐れずに申し上げれば、「**正しい社員教育は収益向上（お金）になる投資**」という事です。

要するに、ビジネスのことは、お金に直結しているということです。

お金に絡んでいるビジネスの困ったことが解決できれば、それは大なり小なり、答えてもらった側は、金銭的に得しているということなのです。

さてここでぜひ、お聞きしたいことがあります。それは、物知りの人に何かを尋ねるとき、「あなたはおカネを払っていますか?」ということです。

いま申し上げたとおり、ビジネスに絡んでいることを答えてもらうとしたら、直接か間接かはともかくとして、金銭的に得しているハズですから、本来、その対価を支払うのは当然ですよね、ということです。

物事をハッキリさせると拒絶反応を示す人が多いためか、このことを言うと、「そんな露骨な…」とか、「自分はそんなつもりで訊いていない…」、「ギブアンドテイクにしているから」「お互い仲間だから…」といった言葉が返ってきたりします。

なるほど、「言い得て妙」という感じですが、ハッキリついでにもう一つ伺いましょう。


「訊いてみたら、教えるのはイヤだと言われたらどうしますか?」


さあ、どう思われますか?

今まで色々な人にこの質問を投げかけてきましたが、「教えてくれないなんてケチ!」とか「セコイ!」、「そういう人は嫌い」、中には「そんな人とは仕事をしない」といったことを言われた人もいました。

もちろん、質問する内容にもよるでしょう。その内容が、どうでもいいような小さなことであれば、「それくらい…」と思うのも、これまた人情でしょう。

一方で、「ビジネスの大事なことを訊くんだから、事の大小に係わらず、それに応じた対価を払うのが当然でしょう」と答えられた方もいました。

こうした方はそもそも、訊く段階から「何かお礼をするようにしている」といった方です。場合によってはお金が失礼になるようなときもあるので、その時は何か手土産を用意するなど、相手に対する配慮も忘れない細やかさです。

ただし、こうした人は、「極めて少数派」というのが、これまでの実感です。

冷静に考えれば、**「ビジネスに絡んでくる知識やノウハウは、それを教えてもらえることでお金に換えることができる…」と、頭では理解しているのに、得られる対価としてお金を払おうとする人は、現実的には非常に少ない…**のです。

これは、いったいどういうことなのか…、まさにここが「謎のキーポイント」ということです。

しかも、「知的ビジネスを展開している先生業の人」でさえ、この謎に対して、ほとんど無頓着というのが現実なのですから、話はますますややこしいのです。

同じ知識が、1億円にもなればタダにもなる現実

物事がよく分かっていない子供ならいざ知らず、分別のある大人、しかもビジネスマンが、「価値があると分かっているのに、払おうとする人が少ない」という現実を考えるとき、そこには、「理由」がきっとあるハズ…と考えるべきでしょう。

当社は、知的ビジネスの研究を深め、ご相談にお越しになられる方々に応じて「知識やノウハウを売り物にする」お手伝いをしていますが、コンサルタント業の人の大きな悩みの一つが、この、「お金にならない…」ことが挙げられます。

分かりやすく言えば、親切に教えてあげているのに、ちゃんとおカネを払ってもらえない…という問題です。

コンサルタントの場合、「教えておカネをもらう」とか「指導しておカネをもらう」という部分がある意味本業だけに、それでおカネにならないとしたら、これはまさに、死活問題となります。

当社には様々な人がお越しになる…と、申し上げましたが、「似たようなコンサルティング」をしていても、もの凄くおカネを稼いでいる人もいれば、「おカネをもらえない」と、困っている人もいます。

傍からみたらほとんど区別がつきません。紙一重の違いであり、何が違うのか、「もら

えていない側の人」からすれば、そこがよく分からなかったりします。

例えば、「反応率が30％あがるチラシやダイレクトメール作成のポイント」が分かれば、現在行っている販促で、売上利益が大きく変わってくるかもしれません。

また、「入社半年の新人社員でも、営業成績がしっかり出せて業績を伸ばしていくことができる販売体制」のつくり方が分かれば、会社の規模にもよりますが、億単位で売上利益が変ってくるかもしれません。

こうしたノウハウはいわば「値千金」です。

下世話な話ですが、社員が数百人いる会社であれば、この販売体制の構築によって大きく事業が変わってきます。「5億円儲かる話であれば、1億円でも全然安い！」と、誰でも考えるハズです。

実際、コンサルティング指導として、1億円はともかくとしても、極めて高額な報酬で企業指導を行い、クライアント側はその効果によって大いに事業を伸ばしているという例はいくらでもあります。

一方で、こうした凄いノウハウかもしれない内容を、「ちょっと教えてよ」と、訊かれて、前述の物知り博士ではありませんが、「それはね…」とゆっくり話せる喫茶店で説明したとします。さて、どうなるでしょうか…。

重要なことは、「一部の例外」を除けば、どちらの場合も、当の本人が思っているよりは、「ほとんど一緒」というのが現実だということです。

「いくらなんでも…」と言ってくる人も多いのですが、情報の加工度、伝える丁寧さ、資料の整備…などに差はあっても、後は話す人が同じであれば、それほど変わらないのが、現実だからです。

要は、同じ知識やノウハウをもっていても、1億円になるときもあれば、良くて「ここは払っておくよ」と、コーヒー代にしかならない場合もある…、ということです。

売り手からすれば、「コーヒー代」にしかならないなんて、ヒドイ話だと怒るかもしれませんが、これはハッキリ言いますが、売り手側が悪いと言わざるを得ません。払ってもらえる売り方をしていないからです。

それはなぜか。理由は簡単です。

「しゃべっただけ」と思うものには、誰もお金を払おうとしないからです。

人が何に対してならお金を払ってもいいと「感じる」のか…といった深層心理的なこと

は、極めて奥が深いのですが、中でも「売りやすいカタチ」もっと言えば、「お金を払ってもらえるカタチ」になっているかどうかは極めて重要です。

分かりやすいように、「水」でご説明しましょう。

あなたが飲食店を営んでいるとします。お客さんに「水をちょうだい」と言われて、コップに水を入れて出したとします。お代はどうしますか?

現実問題として、これで料金をもらうことは常識的にかなり難しいでしょう。ほとんどイカガワシイお店と思われるかもしれません。日本では「水と安全はタダ」なんて言われて久しいですから、「水を売るなんて無理」と言った人もいました。

しかし、こうすればどうでしょうか? ペットボトルを用意して、「当店はミネラルウォーターで300円となりますが、よろしいですか?」…と。

全員が買ってくれるかどうか…は、ともかくとして「買ってくれる人がいる」ことだけは予測がつきます。コップに水を入れて出してお代をもらえる確率と比べれば、もはや比較にならないことは誰にも分かることだと思います。

大事なことは、お代をいただけるかどうか…は、内容もさることながら、購入者側にとって心理的に「払いやすいカタチ」になっているかどうか…が重要ということです。このことを理解しないで知的ビジネスを展開しようとすれば、どれだけ素晴らしい知識やノウハウ…を持っていたとしても、お金に全然換えることができなくなります。宝の持ち腐れどころか、単に「都合のいい人」にしかならないのです。

よくお考え頂きたいのは、こうした無形ノウハウ的な商売、例えばデザイナーや企画業、グラフィックや写真、キャッチコピー…といった職業の人で、特に商売が上手くいっていない人ほど、「お金にならない」とか「アイデアにお金を払ってくれない」…などと愚痴っている人が多いことです。

もちろん、そうした人が全員、とまでは言いませんが、その大半は、「客側ではなく、売り手側に問題」がありませんか?、ということです。

自分の商売のやり方に、重大なミスがあることは横に置いておいて、一方的にお客の善意を求めて商売をしようとしているのは、言葉は悪いですが、「コップに水を入れて金を払え」と言っているのと同じということです。

要は、払ってもらうための努力や工夫もせずに「売上消滅」を、他人のせいにしているという事です。

先生業も、そして特にコンサルティング業も、まったく同じです。この商売上の努力や工夫こそが、自分の知識や経験、ノウハウ…といったものを、1億円に換えることもあれば、タダ同然にしてしまうかもしれない…のです。

逆に言えば、ここの部分をしっかり理解して手を打てば、長年現場で培ってきた知識や経験、ノウハウ…といったものを、自分が望む、報われる報酬に換えることが、実際にできるということです。

コンサルタント起業により、大きな収入を目指せますし、すでに先生業をされている方で、「何かがオカシイ」と感じていた方は、修正することで2倍、3倍の収入に換えることも全然、夢ではありません。

そのために重要なことは、「無形ノウハウを、どうやっておカネに換えるか」…。このことを理解することです。これからご説明していきましょう。

2、お金への換え方のパターン

「無いモノを売る」ほど難しいことはない

さて、無形ノウハウや情報といったものを、どうすればおカネに換えることが用意になるか。もっと言えば「確率よく、違和感なく簡単に換えやすい」という方法が必要、ということです。

どれだけお金になるモノをもっていても、それを実際にお金に換えることができなければ、まさに宝の持ち腐れです。

広大な土地を持っていても、それを使って何か収益を上げることができなければ、それは「単に土地をもっているだけ」という話です。一円にもならないどころか、下手すれば税金だけかかってマイナスになってしまいます。

その土地を使ってお金をもらおうと思っても、「誰も払おうとしないモノ」をつくればやはりアウトです。

他人の商売で考えればスグに分かることなのですが、要するに、知的ビジネスにおける「くたびれ儲け」とは、まさにこの状態なのです。

必要なことはたった一つ、「お金に換える方法」です。これがない限り、どれだけ知識や経験、ノウハウがあっても、一円たりとも手にすることができません。

これを当社では「**換金装置**」と呼んでいます。実はすべてのビジネスが、何らかの換金装置を使って、お金を手にしています。ビジネスとは、この換金装置があってはじめて、成立することだからです。

例えばラーメン屋さんの場合なら、メニュー表があって「味噌ラーメン」を頼まれれば、それを調理して出し、お客さんが食べ終わればお代を頂く…というのが一般的なスタイルと言えるでしょう。

屋台の場合でも基本的には同じです。これは、ラーメンという「商品提供」によって、その対価を得ていることを意味しています。ほとんどの飲食店は、この方式で商売をしています。

ビジネスや商売は、常に進化していっていますので、後から登場してきた業態や新商売などは、良くも悪くも昔からの慣習にとらわれることなく、新しい方式の換金方法を採用できるメリットがあります。

これは、既存のお客さんに変更することをお願いしたり、説明しながら変えていく必要があることに比べれば、実に大きなアドバンテージと言えます。手形商売がなんだかんだ言われながらも、いまだになくなっていない業界があることを考えれば、商習慣の強さがいかほどか、お分かり頂きやすいでしょう。

料金を先にもらうか、後にもらうか、たったこれだけでも、商売的には驚くほどの差がでてくる話です。

前述した、前払い制の飲食チェーンが、一般慣習になかなか勝てなかった例をお伝えしましたが、先にお金をもらうのであれば、商品提供したのに「お金をもらえない」という未回収リスクはなくなります。

世の中、メリットだけということは、なかなかありませんが、先払いなら、お客さんはオーダーしてお会計を済ませてから席に行くことになるなので、店員が注文を伺いにいくという動作は省かれることになります。

ただし、追加オーダーは減りやすいので、この辺は最初のオーダー受けのときに、プラスワンの売り方が重要になってくるかもしれません。

同じ飲食店に見えても、食べ物や飲物を売っていないところもあります。提供はしていても、実際の売りは、「ショー」というところです。

この場合、歌や演劇、談話でも音楽でも、いわゆるショーなどを見せることによって、その対価を得ているのがこのビジネスの本質です。

こうした場合、いわゆる施設としての箱があり、その空間とショーが主な商品となります。料理はメインではなく、サブの扱いになるので、言ってはなんですが、味はそこまで求められなかったりします。

このショーの方式は、いわば映画館や有料庭園、サーカス、スポーツ観戦…などと基本的な換金方法は一緒です。「仕切られた空間の中で何かを鑑賞してもらうことによる対価」を得るということです。このため、仕切られた空間に入る際に、「お代は先にいただく」というのが一つの基本となります。

ですから、同じ飲食店だと思っていても、両者ではまるで違う商売となります。ビジネスモデルを理解していないと、おカネを戴きにくくなったり、不用意なトラブルが起きやすくなります。

もし、大金を払って凄腕のコックとお皿を用意していても、ショースタイルのお店であれば、「そこには価値を感じない」お客に提供している可能性も高く、コダワリとお金の掛け方に大きなムダが発生することになり兼ねません。

やることなすこと、見た目だけマネする危険性は、こうした部分に出てきます。重要なことは、業種的な判断だとか、見た目だとか…ではなく、商売モデルや換金装置としての理解こそポイントなのです。

モノ化による換金

さて、同じ飲食関連でも、後発のファストフードは、「後からお代をもらう常識」を、覆すことに成功しています。そのポイントは何かということです。実は単純ですが、効果を絶大に発揮しているのが「モノ化」なのです。

モノ化とは、料理や飲み物であれば、包んだり蓋をしている状態です。例えば、「コップに水を注いだ」とか、「お皿に入れた」、「丼ぶりに盛った」…だけでは、扱いも難しく簡単に運べません。そのまま持ち帰ることもできないため、「モノ」の感覚になっていないのです。

同じ物でも、店内で出てくるピザは、お皿に載った料理ですが、宅配でデリバリーされるピザは、運ぶための箱に入っているため、手渡しができる「モノ」になっていることが分かります。

「なんだ、それだけ？」と思う人も多いでしょう。しかし、効果は絶大です。

「モノ化」ができれば、おカネとの交換が容易になり、前払いも可能になってくるメリットがあります。実際、いまやネットで宅配を注文するとき、事前のカード決済をすることは決して珍しくなくなっています。

この「換金装置」については、実に多岐に渡る方式があり、それらを絶妙に組み合わせていくことで、ビジネスを有利にしていくことが可能になります。

当社では、さまざまな換金方法に加え、各々のコンサルティングの特性を考えて、最も有利なビジネスになるよう、コンサルティングの内容も含めて、仕組みづくりとアドバイスを行っています。

このわずかな差が、それこそ年収を何倍にも変えてしまう訳です。傍から見れば一緒と思って、適当にあてはめてやってしまうと、それこそ「くたびれ儲け」が何年も続くことになり兼ねない訳です。

いずれにしろ、この「モノ化する」ということは、最も基本であり、極めて重要な実務です。

この「モノ化」を利用できないと、商売に限らず、対価を得ることが極めて困難になります。商習慣に限らず、人が持っている感覚や、自然さ…に反しているからです。つまり、「払う理由」を感じない…ということが起きてしまうのです。

街頭で何かを話して、それだけでお金を払ってもらおうとすれば、これは、極めて難しいことと、誰にも想像できると思います。

いわゆる大道芸人がごとく、道端で何か芸をしたり話をしたりしても、「なんでおカネを払わないといけないの？」という感覚があるため、芸が終わって帽子などが出されても、善意で払ってあげようとする人以外は、蜘蛛の子をちらすように人が立ち去っていくのは、「芸の内容より、換金方法の問題」が断然大きいのです。

ある実験があります。

腕のいいバイオリニストが、極めて高価なバイオリンで名曲を奏でるというものです。ただし、普通の恰好で街頭での演奏です。

すると、投げ銭が入るどころか子供が一人立ち止まっただけで、大人は誰も立ち止まりもしなかった…というのです。

この実験では、「実は、人は物の良さを分かっていない」と言いたげでしたが、それより我々が注目すべき重要なことは、別にあります。それは、

「換金方法が間違っていると、商売としてまったく成立しない」

という極めて厳しい現実です。

いかに高価なバイオリンを用いて、凄腕のバイオリニストが奏でようとも、それをお金に換える方法にミスがあれば、お駄賃どころかタダになってしまう訳です。

ミスとは、ズバリ、モノ化できていないことです。

前述したとおり、施設というハコを使うのもモノ化の方策の一つですし、「ＣＤやＤＶＤ」といったメディアにするのも一つの手です。

冊子やチケットなどもモノ化の一つの手です。様々に知恵と工夫を凝らすことで、換金をしやすくすることを考えるのですが、それはとどのつまり、商売ができるかどうかの極めて重要なポイントということです。


このモノ化ができていない状態で、商売を進めていくと一体どうなるか…。もう言うまでもないことでしょう。

品質や中身が重要なことは論を待ちませんが、「売り方」という観点が抜けてしまっていると、おカネを支払う側は、基本的に「善意でしか払おうとしない」ということになります。

まさに、街頭のバイオリン弾きに、あなたもなってしまいかねないのです。実際、それに近いことを、無意識でしてしまっている人がたくさんいるのです。

時間給や労賃の本質とは何か

いま、いまいちお力ネにできていない人…というのが、たくさんいると申し上げました。
つまり、「売り物をモノ化できずに商売している人」ということです。
では、この人たちは、「対価をどうやって得ているのか」ということです。全然、お金になっていないのなら、食べていくことができないのでは？　と心配になってしまう人も多いでしょう。

しかし、ご安心ください。ちゃんと別の方法で換金しています。ズバリ「労働の提供」を行うことで、お金に換えているのです。

難しく考えるまでもなく、「働いたことによる、その労賃」です。そして、このときの尺度は「時間」または「量」であることが一般的です。

例えば、時給千円であれば、作業や役務の提供を、1時間あたり千円で交換するということです。これは日給でも月給でも年俸でも、基本的に同じです。時間軸で価格を決めている訳です。

世の中を眺めてみますと、この時間を尺度にした換金方法は、実に広く使われていることが分かります。

人類における最も古くからある、「頭脳や肉体をつかった換金方法」と言えるでしょう。

元手がゼロでも、自分が働くことでおカネに換えることができる、最も確実な方法と言えます。そして大多数の人が、この換金方法を使ってお金を得ています。

時間以外にも、作業や役務の提供でも、「何件こなしたか」など、「量」によってお金と交換する方法もあります。

人によって作業スピードが大きく変動する場合や、自宅で隙間時間に作業をしてもらう場合など、「時間の尺度ではちょっと不都合」という場合に、用いられることが多い換金方法です。

この他、不確定要素が多いために、単純に時間換算では「サボっていてもお金が発生する」という不具合がおきるケースも、この量を基準とした「実売数」や「契約数」「処理数」などが使われたりします。要するに、1件あたり幾らで、その数量分が対価として支払われる訳です。

歩合給などは、この「量換算」の典型と言えるものですが、他にも、販売手数料や成果報酬といったものも、本質的には同じと言えます。

当たり前のことを…と、声が聞こえてきそうです。そうですね、当たり前のことを申し上げています。その声は本当にそうだと思います。

しかし、ここはあえて、冷静にお考え頂きたいことがあります。それは、

「時間または量による換金とは、すなわち作業賃である」

という現実です。

人は皆、お金を得るための活動を、「仕事をする」と言います。商売でもビジネスでも、セミナー登壇でもコンサルティングでも、設計でも計算でも分析でも、販売でも調査でも運搬…でも、みな「仕事」と言います。

怖いのは、仕事という言葉に置き換えれば、どれもこれも「仕事」になってしまうことです。同じに思えてしまうからこそ、怖いのです。しかし、仕事という言葉では到底表せない本質的な違いが、そこには厳に存在しているのです。

その違いとは、商売の主体者として、時には他人を雇ったり、外注を使ったりする商売やビジネスを展開しているのか、それとも、いわゆるお勤めの人のように、誰かが用意した作業や仕事があって、それに従事して役務を行うことによって対価を得ているのか…という違いです。

何が言いたいんだ…という人もいらっしゃるかもしれませんので、このことを、ご理解

いただきやすいように、語弊を恐れずに、あえて単純化して申しあげれば、

・労働提供によって得るのが収入

・商品提供によって得るのが売上

といった違いになります。

もちろん、かなり雑に分けていることは承知の上ですので、中間的な仕事や微妙な案件などもたくさんあることは事実です。

しかし、明確化のために、そうした曖昧なことを、あえて省いていることを何卒ご容赦ください。

これから展開する先生業の中でも、コンサルティングビジネスを、大いに展開、伸ばしていただくためには、この部分の理解なくして実現は不可能だからです。

なぜなら、先生業の仕事というのは、その95％が労働提供によって行われている…と言っても過言ではないほど、作業や代行、処理…といった労働提供による換金方法で、対価を得ているからです。

儲かる商売の本質

この手の話をしていると、「労務提供の何が悪いんだ…」と、くってかかるように言ってくる人がでてきます。もちろん、何も悪くはありません。

ただ、商売やビジネスにおけるスタンスや強さ、そして効率などが、まるで変ってくること、これだけは、紛れもない事実ということを、ご理解いただきたいのです。

そもそも、誤解して頂きたくないのですが、労働提供が悪いとか馬鹿にしている話ではありません。純粋に、ビジネスとして考えるとき、ご自分がお持ちの知識や経験をどう売るか…ということを考えるとき、上手に売りたくありませんか？という話をしています。「もったいない部分が多いですよ」ということです。

どれだけ素晴らしい料理を提供できる腕があっても、その換金方法が「時給換算」しかなければ、お金は時給数千円がいいところ…になってしまいます。難しい料理だろうが、独自性のある料理であっても金額は変わりません。

先生業の場合でも同じで、「1回の訪問5時間で○万円」とか、「2時間の講演で○万円」、「月額報酬○万円」、「申請代行料○万円」、「1レッスンで幾ら」、「相談時間2時間で」…といった提供方法が多いですが、それはすなわち「作業対価＝労働提供」による換金をしている、ということです。

決して安くない料金なのと、肉体を直接的に使った労働とは違うため、この本質的なことに、なかなか気づきにくい面があります。

しかし、冷静にお考えいただければ、もっと美味しい換金方法もありますよ、ということです。それをビジネスに加えませんか、上手に利用しませんか？という話です。

そもそも、労賃には自ずと「厳しい上限」が発生します。それは、依頼者（発注者）側にコスト意識が働くからです。

くどいようですが、本質が「労働対価」だからです。高ければ安い人を探しますし安くやってくれるところを探そうとするのは、これは会社に限らず、個人でも同じ思考回路で動くことだからです。

ヘンな話、時給2千円で充分人が集まる作業に対して、わざわざ5千円払う発注者はまずいません。5千円を要求されたら「2千円でできる人に替える」だけだからです。残念なくらいに「替えはいくらでもいる」のです。

ビジネスで考えれば、この労働提供と商品提供で、どのような違いが出てくるかはスグに分かります。例えば、大勢の税理士さんを抱える会計事務所などを見れば、一目瞭然でしょう。

ちなみに、会計事務所だけに限った話ではありません。弁護士事務所でも、社労士事務所でも、デザイン事務所でも、さらには学習塾でもカルチャースクールでも美容室…でも、顧客に対して売っているのは「モノ化した商品」ですが、そこに従事している人には労働対価で支払っています。

モノ化できている証拠は、人が辞めても変わっても、ほぼ同等の商品を提供できているからです。

逆に言えば、「その人でなければダメ」という状態だとすれば、それは会社として提供しているのではなく、「属人生による作業提供」ということになり、経営的にはリスクが高いことになります。

いずれにしろ、経営とは本来、**顧客にはモノ化した商品を提供し、その従事者には労賃を支払うことで収益を上げやすくする**のが重要なポイントです。付加価値からコストを引いたものが利益だからです。

つまり、一般に会計事務所の所長先生の羽振りがいいのは、人物がエライからでも何でもないというと叱られそうですが、労働者ではなく、「経営者」をしているところがエライのです。そこに重要なポイントがある訳です。

優秀な経営者がコンサルタントを使う理由

このことが分かってくると、「現場で自分が動いていないと気が済まない」という経営者の場合、総じて零細企業のまま…というのは、ある意味当然、ということがお分かりいただけると思います。

リーダー自ら率先垂範で、額に汗して…というのは、尊い美談であることは分かりますが、経営者の仕事を放棄していては、伸びる可能性がある会社でも伸び悩んでしまうのも無理もない、ということです。

カタチだけの所長でも同じです。要するに顧客やクライアントに対して、買ってもらえる付加価値の高い「モノ化した商品」を提供できる体制をつくりあげ、それを売るのが、経営者の腕の見せ所ということです。

この体制を築き、そこに従事する人に労働対価を払うことで、収益を出しやすくなり、ビジネスは回るのです。

これは当然ですが、カタチや見た目だけマネをしても、決して上手く行くいくことはありません。本質が分かっていないからです。

たまに、「人を雇って使うのが経営者」だと単純に思っている人がいますが、こうした人が商売を始めると、顧客に対して「モノ化した商品」を提供する発想が根本的にないため、仕組みづくりが進むことはありません。ただ単に「担当者をつける」といった「人の配置」で対処することになります。

こうなると、顧客にも「労働提供」しか行われなくなります。会社から従事者への支払いも労働対価となり、この結果、事実上会社とは名ばかりの、「労働者を抱えたピンハネ業」となってしまいます。

単なる差額しか儲けられないのですから、当然、収益を上げることは難しく、「人がやたらといるのに利益が全然でない」という、危険な会社になってしまいます。そして従業員の給料をあげていくことも、社員教育することも、これら全て「コスト」として扱われ、抑制の対象となってしまいます。

こんな会社の未来はどうか、そこで働く人はどうなるか…は、もう言うまでもないことでしょう。

経営を「仕組みづくり」と理解できているかどうかは、こうした根本原理を理解できているかどうかにかかってきます。

優れた企業の経営者が、「仕組みづくり」のために、コンサルタントを活用するのは、全社員が乗っている事業ステージを「底上げできる」メリットを知っていることもありますが、収益力の根本に仕組みが不可欠なことを、本当に熟知しているからに他なりません。

いわば、経営者の優劣がここに現れている…ということです。

当社がひたすらコンサルティング業の支援にこだわるのも、こうした理由が根底にあります。企業の成長発展には、仕組みづくりが絶対条件であり、そうした仕組みづくりができるコンサルタントの方々が世に活躍することこそ、企業の成長発展が加速すると信じているからです。

ちなみに、こうした所長モデルといいますか、従事者を雇って回す先生業のモデルに、会計事務所や社労士事務所などが多いのも、前述のとおり「商習慣的にできあがっている月額制」の存在があります。

同じ士業でも、診断士や行政書士、弁理士…といった定期的な収益モデルが一般的でない先生方の場合、クライアントのところに担当者を行かせても、仕組み的に回せる定期的な仕事が発生しないため、人を雇ってもその人の仕事をつくるのが大変難しくなってしまいます。

このため、税理士や社労士の先生に比べて、他のビジネス系の士業の先生の場合、大所帯の事務所が非常に稀なのは、収益モデルの違いが大きな理由の一つと言えます。

コンサルタントが本当に高い年収を狙うには

さて、商品提供と労働提供における、換金メリットの違いは何でしょうか。それはもうお分かりのとおり、ズバリ、金額の差になって現れてきます。

分かりやすく言えば、「商品提供の方が儲けやすい」ということです。そして、その理由も単純です。「付加価値をつけやすい」からです。

よく、研修講師の先生と、コンサルタントとで、その違いはあまりないように思っている人が多いのですが、本質的な違いで言えば、まさにこの「商品提供と労働提供の違い」があります。

これこそが、年収を大きく変える根本原理です。

単に肩書がコンサルタント…と言っているだけでは、何の違いにもなりません。あくまでも、仕事の本質が「コンサルティング」つまり、本書冒頭でご説明した「仕組みづくり」という商品提供になっているかどうかなのです。

仕組みを構築すること、このことは付加価値をまとった商品提供に変換することができ、その結果、より大きな対価を得ることが可能になります。

クライアントが買っているのは、あくまでも「仕組み」であり、作業や労力ではなく、付加価値がつけやすい「モノ化した商品」だからです。

ただし、これは傍から見れば、ほとんど違いは分からないでしょう。分かっても取るに足らないわずかな差にしか見えないかもしれません。しかし、ビジネス的に考えれば、極めて大きな差です。

成功している年収3千万円や5千万円、1億円と稼いでいるコンサルタントが密かに行っていることは、実は、この「モノ化した商品」の販売なのです。

こうしたご説明をするとき、「それは単価の付け方の問題では？」と言ってくる人がいます。たしかに、単価をあげれば同じ作業でも収入を増やすことが可能になります。これは事実です。

しかし、作業や労働単価というのは、「基本的にほとんど横並び」になります。比べる基準が、あくまでも作業ごとの時間や量であり、余程の例外はあるにしても、そこには思っているより個人性や独自性を活かす余地が少ないからです。

例えば、「接客応対の社員向け研修」を行うとき、ここには大雑把な「相場」というものが存在しています。

研修を発注する企業側には、「社員指導する先生の時給は、大体いくら」という考えや情報があったりするからです。

この相場観というのは、ビジネスを展開している人なら、なんとなく近似値をはじきだしてくると思います。要するに「大のオトナが、一日、動いた時の金額…」を考えれば、当たらずとも遠からずという訳です。

後は「遠方かどうか」「良くやってくれるのか」「添削やフォローなど、他の付帯サービスはあるか」「先生としての希少性」などを加味してみれば、ほぼ「出してもいい金額」というのが決まる…という訳です。

蛇足ですが、これは他の仕事についてもやはり、「当たらずとも遠からず」で、だいたい同じような計算で金額がはじき出されます。

例えば、お坊さんを呼んだとき…とか、庭師を頼んだとき、テレビアンテナの設置をお願いしたとき、案内役を一人頼んだとき…など、「いくら払えばいいの?」と思うような場合です。

ざっくり金額をだした後は、都会か地方かとか、役職上エライ人が来るのかどうか…などを考慮すればだいたいの金額は、はじき出せるものです。要は世の中、人件費であり、労働対価で動いている…という意味では同じだからです。

それはさておき、自分が働いて対価を得る場合、提示された金額に対して、「もっと高い料金を」と要求した場合、どうなるか…ですが、望み通り通ることも無くはありませんが、基本的には「予算に合わない」として、却下されることが大半です。

企業側としては、余程の事情でもない限り、「予算に合う他の先生に依頼する」だけだからです。

言葉は悪いですが、「似たようなことができる替えの先生」は、探せばいくらでもいるからです。依頼の本質は、社員指導の代行だからです。

この話をお伝えしていると、あからさまに不機嫌な顔をしながら「バカにしてるのか」と言わんばかりに文句をいってくる人が出てきたりするのですが、何も侮辱したりバカにして申し上げているのではありません。

先生業に身をおき、「自分だけにしかできない仕事」「報われる報酬」といったご自分の夢の実現を本気で考えていただくとき、「いま走っている線路の先に、本当にその夢が叶う未来があるのかどうか…」を真剣に考えていただきたいために、あえて耳に痛い表現を使っています。このことはご理解ください。

嫌なことでもわざわざお伝えしているのは、作業を脱してコンサルティングという商品を売る商売に変えることこそ、最も重要なキーポイントに他ならないからです。

3、コンサルティングを売りやすくする具体策

コンサルティングを商品化するコツ

では、実際どのようにすれば、コンサルティング指導を「モノ化」、つまり商品化することができるのか…。これには、当社では常々、「パッケージング」という、コンサルティングを体系化することをお伝えしています。

一般的によく行われるコンサルティングの方法とは、士業モデルを模した「月額制」が非常に多く見受けられます。前述したとおり、「似ている」と思ったり、定期的な収入が欲しいがために、この方法を選んでいるケースが多いと言えるでしょう。

ただし、この方法が他の士業の先生でなかなか成立しないのは、月額制と合致するもの、つまり、「毎月発生する仕事」というものが非常に重要だからです。これが無ければ月額制で契約する理由が、「依頼する側にない」からです。

では、毎月発生する仕事がない中で月額制で契約しようとすると、一体どうなるのか…。これは現実を見れば答えはスグに分かります。言葉は悪いですが、「毎月のように、仕事をつくりだす」ということが行われます。

何かをしなければ、おカネだけ貰う…ということになってしまいます。短期間ならともかく、何もしない状態を数カ月繰り返せば当然、「いらない存在」になってしまいます。そうならないためには、「仕事をする必要」がある訳ですが、残念なことに毎月定期的に発生する仕事というものは、そう簡単にはありません。

ですから、何か仕事をするために「作業をする」ことが始まる訳です。先ほどご説明したとおり、お金を得る根本は、商品提供か労働提供か、どちらかしかありません。商品を提供できない場合は、労働の提供でおカネに換えるしか方法がないため、自ずと作業をつくりだして仕事をする…ということが行われる訳です。

ここが大きなポイントです。

労働提供による作業でおカネに換えるのではなく「商品提供によっておカネに換える」のが、パッケージング化の真骨頂です。

このために必要となるのが、「何を行うコンサルティングなのか」もっと言えば、「どんな仕組みをつくるのか」という明確な説明、そしてメニューづくりができているかどうか、これを当社では体系化と呼んでいます。

あなたがこれまで培ってきた知識や経験、ノウハウ…などを、作業提供ではなく商品として売るためには、コンサルティングの体系化＝パッケージ化は、極めて有効です。それ

は、具体的には、

・「全8回（標準期間は8カ月間）で、貴社に○○の仕組みを構築します」

といった内容を提示できるかどうか、ということです。

この方法を使えるようになると、コンサルティング商売は大きく変わります。まさに、労賃ビジネスから脱却し、自分がつくりだしたノウハウを商品化し、それを売る体制に変わるからです。

そしてこのコンサルティングができることで、以下のようなメリットを、享受することが実際に可能となります。

・時間を基準とした労働提供ではなく、仕組み構築という商品提供に変えられる
・商品化によりクライアント開拓が容易に。他者による販売も可能に
・商品が持つ効果効用が基準となるため、付加価値（高価格）がつけやすくなる
・回数指定ができることで、極めて効率よくコンサルティングを回すことが可能
・同じコンサルティングを回せるため、やればやるほど深化、そして革新できる

・労働提供型のコンサルティングに比べて、2倍から3倍以上の効率
・同業、ライバルとは無縁で独自性の発揮が可能に
・クライアントの下請けではなく、本質的なパートナーとなれる
・時間拘束から大きく開放され、報われる自分のビジネス展開を謳歌できる

などなど、代表的なものを挙げるだけでもこれだけあります。実にメリットが大きいことがお分かりいただけるかと思います。

ただし、注意も必要です。

実際に行うときには、「作業にならない為の対策」をしっかり理解して行うことがもちろん必要ですが、単に見た目だけ「全何回で…」と、提示しようとする人がたまにいるのですが、「体系化」ができていない状態でコンサルティングを行おうとすると、ほぼ100％頓挫しますのでご注意ください。

大袈裟に言っているのではなく、頓挫だけならまだしも、当社のやり方を見よう見マネして、表面的に行った人が、クライアント企業に損害を与えて訴えられた…といったケースも過去にあります。

言葉は悪いですが、講演の資料をまとめたレベルで、何かコンサルティングをしようなど絶対に思わないでください。間違いなく仕組みなどできずに窮地に立たされますし、企業経営者に見抜かれて信用も失います。危険極まりない行為なので、くれぐれもご注意ください。

体系化とは、自分が行うコンサルティングにおいて、どんな企業や条件においても対応が可能なように、時系列的にも実施内容的にも、論理的にしっかりさせた上で、実現可能な汎用化ができ、コンサルティングの柱となる構成も充分検証されれいる、といったことが条件となります。

これをまとめたものを、当社では「**コンサルティングブック**」と呼んでいますが、これができていないと、とても「全何回で…」といった回数約束など怖くてできません。そもそも、「何か教える」とか「講義」、「説明」…といった類のものとはまったく違うレベルということをご理解してください。

重要なことは、実際のコンサルティングにおいて、クライアント企業にしっかり仕組みができあがっていくこと…です。

このことが実現できるコンサルティング内容になっていないとすれば、単なるみせかけのパッケージということです。

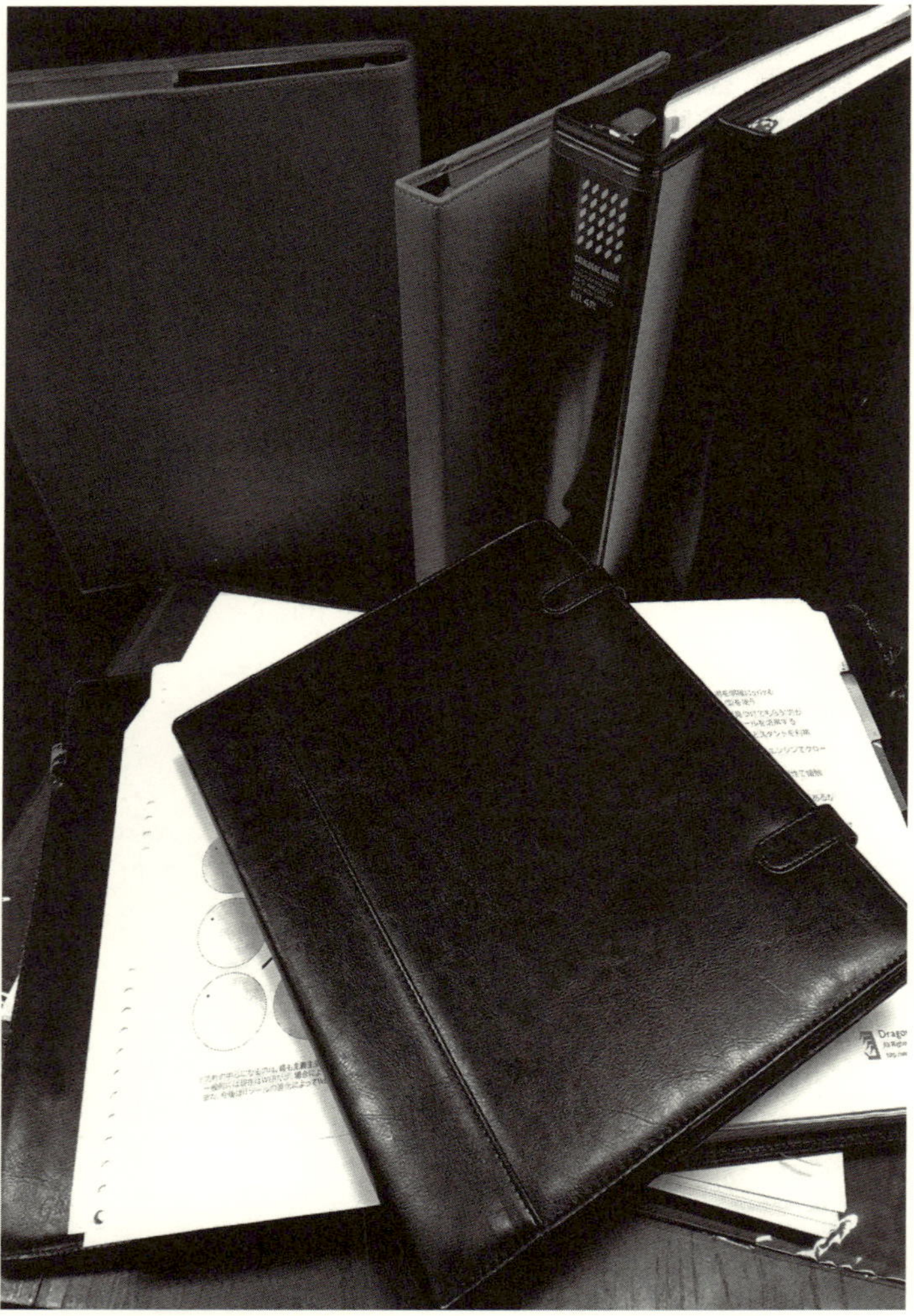

この辺は非常に重要かつ、難しい面が多いので、当社では定期的にセミナーも開催しています。ご興味のある方は当社のウェブサイトなどを参照ください。

ここをしっかりクリアーすれば、あなたが描く「コンサルタントとなって活躍し、報われる報酬を手にする」…という夢は、確実に近づいてきます。

培ってきた知識や経験、ノウハウ…を、単に作業賃でおカネにするのではなく、モノ化によるコンサルティング商売として大きな収益に換えるためにも、意欲的に進めていただきたいと思います。

部分カジリが一番の悲劇を生む

もう一点、このコンサルティングのパッケージングについて、お伝えしておかなければならないことがあります。それは、「混ぜるな危険」ではありませんが、「部分だけカジるな危険」ということです。

家庭用の洗剤などで、塩素系漂白剤と酸性タイプの洗剤があり、これらを混ぜてしまうと塩素ガスが発生してしまい、大変危険だということは周知のことと思います。

容器には大きく「まぜるな危険」の警告が記載されていますが、これと同様に、コンサルティングの体系化においても、一部分だけをかじって利用しようとすると、様々に問題が発生してしまうので危険、ということです。

なぜ様々な問題が発生するのか…と言えば、まさに塩素系と酸素系ではありませんが、元々の性質や考え方が違うものなのに、その深い理解なしに適当に混ぜて使おうとすれば、互いの性質の違いにより逆効果の弊害が発生してしまうからです。

例えば、よくコンサルティングをパッケージングしたから…と、回数を決めて実施内容を決めて…と見てくれは同じようにしたつもりでも、「それをどう売るのか」の段階で、従来どおりの「何か困ったことありませんか?」の営業スタイルのままであれば、単純な話、「これしかできないの?」と、受注を増やすどころか、かえって狭めてしまって売上を減らしてしまうこともあります。

パンフレット一つでも同じです。ウェブサイトも名刺も、何もかも…、コンサルタントにとってコンサルティングとは、自分自身と限りなく近い、最も重要かつ最大の商品であるため、一貫性がなければ、様々にほころびが生じます。

これらを、一つのコンサルティングを軸として、すべてを統御することこそ、「体系化」でありパッケージングなのです。決して商品単体部分だけの話ではないところに、注意が必要なのです。

自分はそんなミスはしない…と思われる方も多いでしょう。でも現実には、「大きなミス」

をしている人が結構な確率でいらっしゃいます。

先生業の構図で、特にBゾーンとDゾーンに顕著なのですが、自分が置かれている立場、そして何をしなければならないのか、もっと言えば「どんな換金方法を使っているのか…」といったことを、的確に理解して活動している人が少ないからです。

こういうと大変失礼に聞こえるかもしれませんが、そもそも「自分のクライアント」や、「自分の顧客」というものを、「定義設定」などしたことがない先生業の人は、巷には意外なほど多いのです。

前述しましたが、真顔で「私のクライアントは、中小企業です」と言ってきた人は他にもたくさんいます。

本人的には決めているつもりなのかもしれませんが、冷静に考えれば、百万社以上ある会社が全部対象…と言っている時点で、現実的にはほとんど意味不明な設定と言わざるをえません。

こうした答えの理由の一つには、スタートの頃に、先輩方に「広く受け入れなさい」とか「来てくれる人がお客さん」といったことを指導されてやってきたとか、エージェントやセミナー会社が仕事を用意してくれるので、これまで深く考える必要がなかったとか、そうした機会がなかった…という人が多いのでしょう。

改まって「自分のお客さんとは、一体…？」と考え始めると、いま来てくれている人や、多く関わっている客層から「逆算」することはあっても、もともとは「設定」はしていなかった…というパターンです。

事前に設定されたことと、後から逆算して…では、まるで違う話です。こうした場合、後から逆算した顧客設定とは名ばかりで、全体を何となく包括した「いまの実態に辻褄をあわせた曖昧な設定」になってしまいます。

当然、キャッチコピー一つでもゆるくなりますし、セミナーで登壇しても、コラムを書いても、雑誌に寄稿しても…、漠然とした客層相手ですから、あらゆる営業活動がゆるいものになります。

正直な話、「焦点がボヤけている」くらいなら実は、まだ被害は少ないのですが、これが、「中途半端にカジル」状態だと、被害は大きなものになります。

パンフレットが必要と言われて、聞きかじりで作った人の中には、「推薦してくれる人」が必要と、単純に見よう見まねで入れても、およそ見込み客とは無関係の人から「推薦」をもらっていたという人もいます。

例えば、中高年の男性向けの商品なのに、「これ、とてもいいですよ」と、女子大学生のコメントがでていれば、むしろ逆効果になることくらい、誰でも想像がつくはずです。

ブランド物でも住宅でも、デザイン性やイメージを売りにしている会社が、ユーザーコメントで、お世辞にもカッコ良いとは言えない人が「安かったからお薦めです」なんて書いてあればどうなるか…。

そうです、ありえないようなミスです。ちょっと考えれば分かりそうなもの…なのですが、部分カジリの人は、もともと都合よく解釈するクセがあるため、これが災いしてしまうのです。

しっかりしたコンサルティング商売を展開するには、深く一本筋が通った骨太な考えが必要なことは言うまでもないのですが、そこを避けてパーツの寄せ集めで何とかできると思ってしまうため、むしろ大きな被害を被ることになる訳です。

こうした人たちが、頭をかきながら当社にご相談にお越しになるケースも少なくないのですが、意欲的な方々が多いだけに気持ちは本当によく分かります。

言ってしまえば、今までは、たまたま組み合わせが良かったとか、小さな戦術レベルの施策だったので、それほど、大きな問題になっていないということがあるのですが、体系化とは戦略や方針に通じる根幹をなす部分でもあるだけに、洗剤同様、「強烈なもの」ほど、混ぜたときに大変なことが起きます。

パッケージングは効果がとても大きな武器です。だからこそ、正しい理解の上にご活用いただくよう、強くお願いしています。

体系化により、自分のビジネスの根幹をなす、そして強い武器となるものを手にする訳ですから、これまでのコンサルタント商売とは大きく変わってきます。

実際に、自分の夢を実現させた多くのコンサルタント仲間がいます。あなたも、ぜひ、そうした大いに活躍するコンサルタントの仲間入りをしてください。

第6章

自分の人生を本当に活かす、売れるコンサルタントの道

1、やり甲斐と報酬に報われる具体策

あなたのやり甲斐を満たすもの

さて、これまでコンサルタントとして活躍するために必要な、具体的な実務と戦略についてご説明してきました。

本書を通じてお伝えしたいことは、あなたがこれまでに何年も何年もかけて培ってきた、言ってしまえば人生の大半を費やして蓄積してきた知識や経験、ノウハウといったものを、ぜひ、「報われる形」にしてください、ということです。

当社では、この「報われる」ということをとても重要視しています。なぜなら、「単に商売になる」、「利益になる」、「儲かる」…だけでは、最初はともかく、しばらくすると、人はどうしても納得いかなくなってしまうものだからです。

株で大儲けした人や、宝くじに当たった人、親からの遺産で大金を手にした人…など、世間では羨ましがられる存在の人が、その集まる羨望とは裏腹に、目標がなく、熱意もなく、守りの人生でつまらなく生きている人が少なからずいるのです。

なんとも贅沢な話と思うかもしれませんが、人は「お金が欲しい」と思っても「お金だけ手に入っても決して心から満足できない」のが、本当のところなのです。お金に付随して、「やり甲斐」や「報われる」ということが、とても重要なのです。

では、やり甲斐や報われる…とは、具体的に「どうすれば手に入る」のでしょうか?。

この方法論が分かっていなければ、延々と「青い鳥を探し続ける」ことになってしまいかねません。

もちろん、この方法論について、一概に決めつけることは無理があることです。人によって考えも違えば、哲学も違います。生き様も違います。そしてなにを最も重視するかは、さらに大きく違うことでしょう。

しかし、あえて「やり甲斐と報われる」ということについて、ある程度多くの人に共感してもらえる一つの指針を、まず示すなら、それは、

自分のこれまでの人生を最大限活かした独自の仕事で、
お客様から、「ありがとう」と感謝され、
それと同時に、経済的に大いに満足のいく報酬を得られる

ことだと当社では考えています。

誰でも、自分の人生をできるだけ活かしたいと考えるはずです。他ならぬ、自分の人生です。替えが効かない自分の人生です。

そうであればこそ、長い年月をかけて、仕事の現場で蓄積してきた、知識や経験、ノウハウ…といった「かけがえのない財産」を、できるだけ納得できるカタチで活かしたいと思うのは、これは極めて当然のことと思います。

活かすと同時に、「報われる報酬を得たい」と思うのも、これまた人情というものでしょう。これまでやってきたことを活かせても、食うに困るような金額しか手に入らないとしたら、別収入の仕組みでもない限り、やっていくことはできません。

しかも、自分の納得感や報われる思いから言えば、仕事の対価として大きな報酬を得たいと思うはずです。

これは、**真面目に一生懸命がんばって仕事をしてきた人ほど、この想いが強い**といつも感じています。

だからこそ、もしも、「自分がこれまでやってきたこと」が活かせない仕事であれば、それこそ「本当にもったいない」と当社では考えるのです。

「これを覚えれば」とか、「この資格を取れば」、「認定を受ければ」、といったものは、確かに、目先的には早くお金になるかもしれません。

しかし、当社にお越しになられたNさんの言葉は、今も忘れることができません。「40歳を過ぎて、まったくの新人になってしまうのは、本当に辛いです」と。Nさんは、ある資格を取って独立をしようとされていたのですが、その団体に属したとき、その悲しい現実に直面された訳です。本当に心が痛む言葉です。

自分の過去が活きないということは、「人生を否定されているようなもの」と当社では考えます。あまりにも悲しいことです。

こうした人は、一人や二人ではありません。当社に、「なんとか自分の人生を取り戻したい」とお越しになられた方はたくさんいます。

そしていつも思うのは、「なぜこれほど良いモノをもっているのに、それを活かそうとせずに、安易に「作業的な仕事」に飛びついてしまったのか、ということです。これこそ、「目先のお金に眼がくらんだ」と言わざるをえないのです。

当社でよく申し上げていることがあります。それは、10年以上、仕事の現場で一生懸命に働いてきた人には、必ずと言っていいほど、独自の知識や経験、ノウハウ…といったものを宿していますよ…と。それを活かすことで、報われる人生を開花させることが本当に可能になるのです。

夢を実現させるために必要な実務

これまでの経歴を活かす想いがあれば、夢を実現させることは可能です。しかし、残念というべきことがあります。それは、「想い」はあっても、夢を実現できる人は、ほんの一握りしかいないという現実です。

なぜ実現できないのか、それは、実現方法を知らないがために、悶々と悩みながら仕事に従事していたり、上手くいかない方法なのにそれに気づかず、廻し車がごとく、同じところをずっとカラ回りしてしまっていたりするからです。

要するに、方法論を知らないがために、もがき続けてしまうというパターンです。このパターンにハマってしまっている人は、本当に大勢います。

本書の冒頭でご紹介した、Mさんもその一人です。FさんやKさん、挙げればきりがないほどたくさんの人が、「コンサルタント商売の上手なやり方」という具体方法を知らなかったがために、苦しんでいたのです。

その大きな理由として、コンサルタント商売にまつわる誤解や、似て非なる商売の存在について、本書では詳しくご説明してきました。

間違ったやり方や、もったいないやり方を、知らず知らずのうちにやってしまっていたのが最大の原因です。

また、もう一つ悩ましいことがあります。それは、「先生という立場」が邪魔をするのです。自分のこれまでの「優秀性」が災いしているケースもあります。

分かりやすく言えば、

「自分はこれまで、誰よりも上手くやれてきた」


というものです。

もちろんこの強い自負心は、とても重要です。これがなければビジネスの世界で生き残っていくことは、ほとんど不可能とさえ言えるでしょう。

しかし、「知らないことは、聞いた方が断然早い」ということも、これまた間違いのない現実なのです。

自動車を運転したいがために、人里離れた場所で自己流で覚えて、一発試験をクリアする方法も無くはないですが、常識的に考えれば「教習場に行けば3週間で取れる」話です。どちらが速いですか、ということです。

上手に使えばいいという話もあります。快適な家に住みたいのに、基礎工事のやり方を必死に独学で学び、材木の切り方を失敗しながら覚えて、クギの打ち方も試行錯誤で覚え、窓やドア、お風呂にトイレにキッチンなどの設備類の仕入れもどうにかこなして、やっと住めるのは、一体何年先になるのか…。もしかしたら、生きている間に完成しないかもしれないほどです。

それでも、自分でじっくり建てていくのが趣味というのなら、これは、実益を兼ねて楽しい話です。しかし、普通に考えて、「家を一から自分で建てる」という人は、まずいないでしょう。明らかに時間と労力がかかりすぎるからです。しかも、安全に住める保証もない、というオマケ付きです。

これも、住宅メーカーや工務店に依頼すれば、お金はかかっても、より早く、快適な家に住むことができます。

もっと自分好みのオリジナルの家を建てたいなら、住宅デザイナーや建築設計士を用いて自分の希望をふんだんに盛り込んだ、独自の家を建てればいいのです。

仕事に自信があるなら、一生懸命に働いて、家を建てるお金を稼いでくる方が、よほど簡単かつ早いということは、誰にも分ることでしょう。

2、コンサルタントの役割と成功への秘訣

人生の時間を考える必要性

さて、知らないことなら聞くなり頼むなりしたほうが、よほど現実的で早いことを申し上げました。

しかし変な話、例えば住宅は直接お金を生むことは、貸出でもしない限りありえません。自分が住むのなら、逆にコストだけかかってきます。

ところがこと「商売のノウハウ」であれば、これはお金に直接、そしてすぐに替えられる利点があります。

だからこそ、苦労して3年かかったけど、お金を掛けずにできた…という場合、よくよく考える必要があるのです。それは、現実にはタダではないからです。

投資的に考えればスグ分かる話です。あなたが年収で3千万円を稼いでいたら、これは一瞬で判断できることです。3年とは9千万円に値すると。

年収5百万円でも3年なら1千5百万円になります。ハッキリ言って、想像しているより余程価値があるのが、失われた時間なのです。

これは「コスト」から考えている限り、常に間違った判断をしてしまいます。10円節約するのに、平気で2時間をかけてしまうタイプが、この典型例です。自分の時間の価値がまるで分っていない訳です。

自分の人生を活かすために、コンサルタントとして活躍することを本気で考えるなら、このコスト思考から脱却することが本当に重要です。

それは、自分の行動もさることながら、事業を成長させる「金払いのいい経営者」の意識も、間違いなくコストではなく、「投資思考」だからです。これに自分の思考が合っていなければ、相手にされなくなってしまいます。

事業を躍進させるには、お金を投資して「儲かる仕組み」をいち早く手にすることです。事業ステージの底上げをはかり、歩いていたのを全員がトラックに乗って動くがごとく、飛行機に乗るがごとく、強烈にスピードをあげていくために、貪欲に仕組みづくりに投資をします。

この時の投資の対象とは、他ならぬ、独自のノウハウを持っているコンサルタント、つまり、「あなた」ということです。自分が培ってきた知識や経験、ノウハウ…を活かしたコンサルティングが、ここで役立てられるのです。

だからこそ、自分自身がコスト思考からしっかり抜け出して「投資思考」になっていなければ、お話にならないのです。

タダだけど3年かかったという方法を、もしこの3年を1年に短縮できる可能性の高い方法があるとしたら、それは百万円でも投資する価値は大いにあります。短縮できた時間の価値は、1千万円以上、間違いなくあるからです。

それで年収を増やすことができれば、これは雪だるまが転がるがごとく、投資効果はますます高まります。

優秀な企業や、成功していく人達に共通するのは、この「投資思考」が徹底されていることです。決してコストからの発想ではないことが、重要なポイントなのです。

このことをハッキリ認識するには、自分の人生の時間を一度立ち止まって真剣に考えることです。

そんなこと、言われなくても考えている…とお叱りを受けそうですが、それでもあえて申し上げます、**「何か築き上げるために活動ができる時間は、想像以上に少ない」**…と。

起業して、自分の人生を賭して、報われる「何かをつくりあげる」には、単なる時間ではなく、エネルギッシュに動ける知力、体力をともなった時間が必要なのです。

それがどれだけあるのか、真剣に考えなければならないのです。

夢を叶える人に必ず共通すること

先ほど、「夢を実現できる人は、ほんの一握りしかいない」と申し上げました。その理由は「方法論を知らなかったから」とご説明しました。

しかし、もう一つ理由があります。やり方や具体方法が分かっていても、「怖くて一歩が踏み出せない」という理由です。

誰にもあると思いますし、痛いほど気持ちは分かります。

私自身も、悶々と何年も悩んだことですし、独立起業した人なら、ほぼ間違いなく全員が経験した感覚だと思います。

しかも、悩んだからと言って、何ひとつ解決したり先に進んでいくことがないことだけに、本当に辛くて苦しい怖さだと思います。

勢いでやってしまえばいい…などと言う人もいます。「起業は勢いが大事だし、やってしまえば後はなんとかなるから…」と。

言いたいことは分からないでもないのですが、それにしても余りにも乱暴ですし、そんなに世の中甘くはありません。考えが浅すぎます。

20代で一人身で、自分のことだけ考えればいいならともかく、30代後半から40代、50代と歳を重ねていれば、責任を負う家族がいるはずです。そんな子供じみた無責任な発言や行動は、ほとんどあり得ないことです。

ですから、当社でも、決して安易なコンサルタント起業を促すことはありません。それだけ重大な人生判断を伴うことだと、真に考えているからです。

しかし一方で、「待っていても、向こうからチャンスが勝手にくることは絶対にない」ということも、これまた世の中の現実です。

であれば、どう自らきっかけをつくるか、チャンスをつかむかに、意識を集中させることが大切と言えるのです。よくお伝えしていることに、

「海には、自ら飛び込めばもがけるが、押されて海に落ちれば溺れてしまう」

のです。

自分の意志ではなく、何かのチャンスがあれば…とか、定年や会社の都合や何かがあれば…とは、ある意味誰もが考える「きっかけ」でしょう。

しかし、自分が意図したタイミングではないだけに、あらゆることが後手後手になりやすいのが、この「押されて海に」の共通パターンです。

自分が想像しているより遥かに、準備もできていなければ、慌てて訳がわからなくなっ

てしまうのです。覚悟ができていないからです。
どうせ必要な覚悟なら、みずから厳かに腹を決めたほうが、よほど強く持てるようになることは、言うまでもないでしょう。
ここまできて、後の判断はただ一つです。

「あなたは、明日死ぬとしたら後悔しますか？」

この問いかけに、あなたはどう答えますか。厳かにお考えください。
仕事柄、多くの一流経営者の方々、そして一流コンサルタントの方々と出会って、そして一緒に仕事もしてきました。仲良くなった方々に、この問いかけを結構してきました。色々な答えがあってもよさそうなものですが、答えは不思議なくらいにほとんど一緒でした。いわく、

「死にたくはないけれど、自分の夢に向かって近づいていっているので後悔はない」

というものです。あなたはどう思われますか？ ちなみに私は、自分が勤め人のとき、こ

の言葉を聞いたとき、にわかには信じられませんでした。

しかし、「明日死ぬとしたら絶対にイヤ！」「ものすごく後悔する」と強烈に思ったことは事実です。だからこそ、今の自分があるのです。

あなたが、自分の人生を本当に活かして、売れるコンサルタンになって活躍する日は、他ならぬ、自分が決めることです。

他の誰でもない、自分の培った知識や経験、ノウハウといったものを、活かすも殺すもあなた次第です。

お店の店長だった人、営業で成績をあげていた人、商品開発をしていた人、公的機関でトップだった人、学習塾で教えていた人、歩合給で何年もやっていた人、料理をつくっていた人、店頭を飾っていた人、記事を書いていた人、設計をして人、自動車を売っていた人、テレビ番組をつくっていた人、ラジオで話をしていた人、海外で商売をしていた人、保険セールスをしていた人、住宅管理で苦労していた人…

現場でがんばっていた人が、コンサルタントとなって、自分の夢を叶えていっています。悔いのない人生のために。

次はあなたが活躍する番です！

著者　五藤 万晶（ごとう かずあき）

これまで250人以上に、直接の指導実績を誇る日本屈指のコンサルティングビジネス専門のコンサルタント。

「コンサルティング」を労賃やキャラで売るのではなく、独自のコンテンツづくりと戦略を用い、「ビジネスベースで回るようにする」ことを、日本で初めて指導開始した第一人者。そのキラーコンテンツづくりと収益化の指導は、コンサルタント起業する人はもとより、士業関係者、20年以上のキャリアを持つベテランコンサルタントからも絶賛。

「コンテンツを絞り出す天才」と称され、鋭い洞察力と実績で各方面から依頼が絶えず、年収3千万はもとより、5千万、1億円プレーヤーも次々に輩出。氏が関わったコンサルタントからは、「改めて自分の強みを再認識できた」、「モヤモヤしていたノウハウを体系化できた」、「自分のウリが分かり、クライアントが倍増した！」…など、絶大な信頼を獲得している。

「経営者に役立つ、本物のコンサルタント、コンサルティングを世に広めたい」という強い信念の基、2012年、株式会社ドラゴンコンサルティングを設立。同社代表取締役社長。1969年生まれ、千葉大学法経学部卒。

小社 エベレスト出版について

「一冊の本から、世の中を変える」―― 当社は、鋭く専門性に富んだビジネス書を、世に発信するために設立されました。当社が発行する書籍は、非常に粗削りかもしれません。熟成度や完成度で言えばまだまだ低いかもしれません。しかし、

・リーダー層に対して「強いメッセージ性」があるもの
・著者の独自性、著者自身が生み出した特徴があること
・世の中を良く変える、考えや発想、アイデアがあること

を基本方針として掲げて、そこにこだわった出版を目指します。

あくまでも、リーダー層、経営者層にとって響く一冊。その一冊から経営が変わるかもしれない一冊。著者とリーダー層の新しい結び付けのきっかけのために、当社は全力で書籍の発行をいたします。

あなたの知識や経験を、
コンサルタントになって
大きな稼ぎに変える法

定価：本体1、750円（税別）

2019年1月11日　初版印刷
2019年1月23日　初版発行

著　者　五藤万晶（ごとう　かずあき）

発行人　神野啓子
発行所　株式会社　エベレスト出版
〒101-0052
東京都千代田区神田小川町1-8-3-3F
TEL　03-5771-8285
FAX　03-6869-9575
http://www.ebpc.jp

発　売　株式会社　星雲社
〒112-0005
東京都文京区水道1-3-30
TEL　03-3868-3275

印　刷　株式会社 精興社　　装　丁　MIKAN-DESIGN
製　本　株式会社 精興社　　本　文　北越紀州製紙

 SBN 978-4-434-25629-5